PAS D'EXCUSES

PAS D'EXCUSES

Le pouvoir de l'autodiscipline

Brian Tracy

Pas d'excuses
Le pouvoir de l'autodiscipline
Brian Tracy
ABP Éditions

Copyright © 2010 Brian Tracy
Titre original : No Excuses
The Power of Self-Discipline
Traduit de l'anglais © 2021 Sandra Kristen, ABP Éditions

Tous droits réservés. Publié par ABP Éditions,
appartenant au groupe ABP Publishing Ltd.
ABP Éditions est une marque déposée d'ABP Publishing Ltd.

Création graphique pour la couverture : Natalia Gulina
Design de couverture : Natalia Gulina
Composition et mise en pages : Akadil Belgara
Rédactrice en chef : Viktoria Salnikova
Rédactrice : Albina Lutfulina

ISBN (broché) : 978-1-62861-677-4
ISBN (livre audio) : 978-1-62861-676-7
ISBN (numérique) : 978-1-62861-675-0
ISBN (livre audio) : 978-1-62861-417-6

Dédicace

Ce livre est affectueusement dédié à mon ami et partenaire Eric Berman, l'une des personnes les plus disciplinées et déterminées que j'ai jamais rencontrées.

TABLE DES MATIÈRES

Introduction : Le miracle de l'autodiscipline — 9

PARTIE I. L'AUTODISCIPLINE ET LA RÉUSSITE PERSONNELLE

Chapitre 1. L'autodiscipline et la réussite personnelle — 27
Chapitre 2. L'autodiscipline et le caractère — 43
Chapitre 3. L'autodiscipline et la responsabilité — 59
Chapitre 4. L'autodiscipline et les objectifs — 75
Chapitre 5. L'autodiscipline et l'excellence personnelle — 91
Chapitre 6. L'autodiscipline et le courage — 119
Chapitre 7. L'autodiscipline et la persévérance — 133

PARTIE II. L'AUTODISCIPLINE DANS LES AFFAIRES, LA VENTE ET LES FINANCES

Chapitre 8. L'autodiscipline et le travail — 143
Chapitre 9. L'autodiscipline et le leadership — 161
Chapitre 10. L'autodiscipline et les affaires — 173
Chapitre 11. L'autodiscipline et la vente — 185
Chapitre 12. L'autodiscipline et l'argent — 197
Chapitre 13. L'autodiscipline et le temps — 211
Chapitre 14. L'autodiscipline et la résolution de problèmes — 225

PARTIE III. L'AUTODISCIPLINE ET LE BONHEUR

Chapitre 15. L'autodiscipline et le bonheur — 239
Chapitre 16. L'autodiscipline et la santé — 251
Chapitre 17. L'autodiscipline et la condition physique — 263
Chapitre 18. L'autodiscipline et le mariage — 271
Chapitre 19. L'autodiscipline et les enfants — 287
Chapitre 20. L'autodiscipline et l'amitié — 303
Chapitre 21. L'autodiscipline et la sérénité — 319

Introduction

LE MIRACLE DE L'AUTODISCIPLINE

*« La discipline est l'âme d'une armée.
Elle rend impressionnante les nombres réduits,
procure la réussite au faible, et la considération à tous ».*

— George Washington

Pourquoi certaines personnes réussissent-elles mieux que d'autres ? Pourquoi certaines personnes gagnent-elles plus d'argent, mènent une vie agréable et accomplissent beaucoup plus de choses au cours de la même période que celle de la vaste majorité ?

Je vais essayer de résoudre ces questions en racontant ma propre histoire. J'ai commencé dans la vie avec peu de privilèges. Je n'ai pas obtenu mon diplôme de fin d'études secondaires. J'ai vécu de petits boulots pendant des années. Ma scolarité était limitée, mes compétences étaient limitées et mon avenir l'était tout autant. Et puis je me suis posé cette question : « Pourquoi certaines personnes réussissent-elles mieux que d'autres ? » Cette question a transformé ma vie. Elle m'a entraîné dans une quête permanente de réponses qui continue encore aujourd'hui.

Au fil du temps, j'ai lu une multitude de livres et d'articles sur les thèmes de la réussite et de l'accomplissement personnel. Il semblerait que les raisons de ces résultats aient été débattues et écrites depuis plus de 2 000 ans, de toutes les manières imaginables.

Une des qualités sur lesquelles la plupart des philosophes, enseignants et experts s'accordent est l'importance de l'autodiscipline. Comme l'a dit le professeur de commerce Al Tomsik il y a quelques années, « Le succès est une question de discipline ». Thomas Edison a écrit : « Le génie, c'est 1 % d'inspiration et 99 % de transpiration ». La discipline est la clé d'une belle vie, et sans elle, aucun succès durable n'est possible.

La pratique de l'autodiscipline a transformé ma vie, et elle changera la vôtre aussi. En exigeant toujours plus de moi-même, j'ai réussi dans la vente, puis dans la gestion. J'ai rattrapé mon retard scolaire et j'ai obtenu un MBA, alors que j'avais la trentaine, ce qui m'a demandé des centaines d'heures d'études intensives. J'ai importé des véhicules Suzuki au Canada dans un premier temps, créé 65 concessions automobiles et en ai vendu pour 25 millions de dollars, sans aucune connaissance du secteur, mais j'avais suffisamment de discipline et de détermination pour apprendre et appliquer ce qui était nécessaire.

Je me suis lancé dans la promotion immobilière sans aucune connaissance ni expérience, j'ai fait preuve de discipline, en travaillant et en étudiant des centaines d'heures, j'ai par la suite construit des centres commerciaux, des parcs industriels, des immeubles de bureaux et des lotissements résidentiels.

En appliquant l'autodiscipline, j'ai fondé des entreprises prospères dans les secteurs de la formation, du conseil, de la prise de parole, de l'écriture, de l'enregistrement et de la distribution. Mes programmes audio et vidéo, mes livres, mes séminaires et mes programmes de formation ont été vendus à plus de 500 millions de dollars, dans 36 langues et 54 pays. J'ai été consultant pour plus de 1 000 entreprises durant toutes ces années et j'ai formé plus de cinq millions de personnes lors de séminaires et des conférences en direct. Dans chaque cas, la pratique de l'autodiscipline a été déterminante pour ma réussite.

J'ai constaté que l'on peut atteindre presque tous les objectifs que l'on se fixe si l'on possède la discipline nécessaire pour y mettre du sien, pour faire ce que l'on doit faire et ne jamais abandonner.

A qui s'adresse ce livre ?

Ce livre est destiné aux personnes ambitieuses et déterminées qui veulent réaliser leurs rêves. Il s'adresse à tous ceux qui ont soif de faire plus, d'avoir plus, et d'être toujours plus.

Le principe sans doute le plus important concernant la réussite est que pour y parvenir, il faut devenir une autre personne. Ce ne sont pas les choses matérielles que l'on accomplit ou que l'on acquiert qui importent tant, c'est plutôt *la qualité de la personne que l'on doit devenir* pour accomplir des choses bien au-dessus de la moyenne. Le perfectionnement de l'autodiscipline est la voie à suivre pour que tout devienne possible.

Ce livre sera un guide pas à pas pour apprendre à devenir une personne exceptionnelle, capable de réalisations exceptionnelles.

Une rencontre fortuite dévoile la raison de la réussite

Je me trouvais il y a quelques années à Washington, D.C., pour assister à une conférence. Je prenais ma pause déjeuner dans une foire alimentaire, toute proche. L'endroit était bondé et je me suis assis seul à la dernière table libre, même si c'était une table pour quatre.

Quelques minutes plus tard, un homme plus âgé et une jeune femme, qui semblait être son assistante sont arrivés, portant des plateaux repas et cherchant manifestement où s'asseoir.

Ayant de la place à ma table, je me suis immédiatement levé pour proposer à l'homme plus âgé de se joindre à moi. Il hésitait, mais comme j'insistais, il s'est finalement assis en me remerciant, et nous avons commencé à discuter.

Il s'est avéré que son nom était Kop Kopmeyer. En fait, j'ai tout de suite su qui il était. C'était une icône dans le domaine de la réussite et de l'accomplissement. Kop Kopmeyer avait écrit quatre livres à succès, chacun contenant 250 principes de réussite qu'il avait acquis après plus de 50 ans de recherches et d'études. J'avais lu les quatre livres de la première à la dernière page, plus d'une fois. Ils ne sont malheureusement plus publiés aujourd'hui.

Après avoir discuté un moment, je lui ai demandé ce que beaucoup de personnes dans cette situation demanderaient : « De tous les mille principes de réussite que vous avez découverts, à votre avis, lequel est le plus important ? » Il m'a souri avec une lueur dans les yeux, comme si on lui avait posé cette question à maintes reprises, et a répondu sans hésiter : « Le principe de réussite le plus important de tous a été énoncé par Elbert Hubbard, l'un des écrivains les plus prolifiques de l'histoire américaine au début du XXe siècle. Il a dit : « *Faites ce que vous devez faire, quand vous devez le faire, que vous le vouliez ou non* ».

Puis, il a ajouté : « Il y a 999 autres principes de réussite que j'ai trouvés dans mes lectures et mon expérience, mais sans autodiscipline, aucun d'entre eux ne fonctionnent ».

L'autodiscipline constitue la base de notre propre réussite. C'est la magie qui nous ouvre toutes les portes et qui rend tout possible. Grâce à l'autodiscipline, l'individu ordinaire peut aller aussi loin et aussi vite que ses compétences et son intelligence le lui permettent. Sans autodiscipline, il est rare qu'une personne ayant bénéficié des privilèges d'une formation, d'une excellente éducation et d'occasions, puisse s'élever au-delà de la moyenne.

Nos deux pires ennemis

Tout comme l'autodiscipline est la clé de la réussite, le manque d'autodiscipline est la cause majeure d'échec, de frustration, de contre-performance et de malheur dans la vie.

Les deux plus grands ennemis de la réussite, du bonheur et de l'épanouissement personnel sont éventuellement, en premier lieu, la voie de moindre résistance et, en second lieu, le facteur d'opportunisme.

La voie de moindre résistance est ce qui nous pousse à faire le moindre effort dans quasiment toutes les situations. Nous cherchons des raccourcis pour tout. On arrive au travail à la dernière minute et on repart à la première occasion. Nous cherchons à nous enrichir rapidement et à obtenir de l'argent facilement. Avec le temps, on prend l'habitude de toujours chercher un moyen plus facile et plus rapide d'obtenir les choses que l'on veut, plutôt que de faire ce qui est difficile et nécessaire pour réellement réussir.

Le Facteur d'Opportunisme, qui est une extension de la voie de moindre résistance, est encore pire pour nous mener à l'échec et à la contre-performance. Il indique que « les gens cherchent invariablement le moyen le plus rapide et le plus facile d'obtenir ce qu'ils veulent, tout de suite, sans se soucier des conséquences de leurs comportements à long terme. » Autrement dit, la plupart des gens font ce qui est *opportun* plutôt que ce qui est *nécessaire* pour réussir.

Chaque jour, et chaque minute de chaque jour, nous avons un dilemme au fond de nous, entre faire ce qui est juste, difficile et nécessaire (comme un petit ange sur une épaule) et faire ce qui est amusant, facile et de peu ou pas de valeur (comme un petit diable sur l'autre épaule). Chaque minute qui passe, nous devons nous battre et gagner ce combat entre le facteur d'opportunisme et la voie de moindre résistance si nous voulons vraiment devenir quelqu'un et réussir.

Se prendre en main

On peut aussi définir l'autodiscipline comme la *maîtrise de soi*. On ne peut réussir que si l'on maîtrise ses propres émotions, appétits et penchants. Les personnes qui n'ont pas la capacité de maîtriser leurs désirs deviennent faibles et dissolues, mais aussi peu fiables dans d'autres domaines.

L'autodiscipline peut également être définie comme le *contrôle de soi*. Notre capacité de nous maîtriser et de contrôler nos actions, de modérer ce que l'on dit et ce que l'on fait, et de s'assurer que nos comportements sont en accord avec nos aspirations et objectifs à long terme, est le signe d'une personne supérieure.

La discipline a été décrite comme une *abnégation*. Cela implique que l'on se prive des plaisirs faciles, des tentations qui peuvent nous égarer, et que l'on se discipline pour ne faire que les choses que l'on sait justes et appropriées dans l'instant.

L'autodiscipline impose de *retarder la satisfaction*, de pouvoir la différer à court terme afin de profiter de plus grandes récompenses à long terme.

Penser long terme

Le sociologue Dr Edward Banfield, de l'Université de Harvard, a mené une étude durant 50 ans sur les raisons de la progression de mobilité socio-économique en Amérique. Il a conclu que la plus importante caractéristique des personnes qui ont largement réussi dans la vie était « la perspective à long terme ». Banfield a défini la perspective temporelle comme « le temps qu'un individu prend en considération lorsqu'il détermine ses actions présentes. »

Ce qui signifie que les personnes supérieures sont des penseurs à long terme. Ils se tournent autant que possible vers l'avenir pour déterminer le type de personnes qu'ils veulent devenir et les objectifs qu'ils veulent atteindre. Ils reviennent ensuite au présent et déterminent les choses qu'ils devront faire, ou ne pas faire, pour parvenir à l'avenir qu'ils souhaitent.

Cette pratique consistant à penser à long terme s'applique au travail, à la carrière, au mariage, aux relations, à l'argent et à la conduite personnelle, autant de sujets qui seront abordés dans les pages qui suivent. Les personnes qui réussissent s'assurent que tout ce qu'elles font à court terme correspond à leur objectif à long terme. Elles pratiquent l'autodiscipline en permanence.

Le mot le plus important dans la réflexion à long terme est peut-être celui de *sacrifice*. Les personnes supérieures ont la capacité de faire des sacrifices, grands et petits, tout au long de leur vie, à court terme, pour s'assurer de meilleurs résultats et récompenses à long terme.

On retrouve cette volonté de sacrifice chez les personnes qui passent de nombreuses heures, voire des années, à préparer, étudier et améliorer leurs compétences pour se rendre plus utiles et avoir une vie meilleure à l'avenir, plutôt que de passer la plupart de leur temps à se faire des amis et à s'amuser dans le présent.

Longfellow a un jour écrit :

« Les hauteurs par de grands hommes, gagnées et gardées,
N'ont pas été réalisés par une envolée soudaine.
Mais eux, tandis que leurs compagnons dormaient,
Travaillaient dur la nuit. »

Notre capacité à penser, planifier et travailler dur à court terme, et à nous discipliner pour faire ce qui est juste et nécessaire plutôt que ce qui est agréable et facile, est la clé de la construction d'un merveilleux avenir pour nous.

Notre capacité à penser à long terme est une compétence élaborée. Au fur et à mesure que l'on s'améliore, on devient plus apte à prévoir avec précision ce qui risque de nous arriver à l'avenir en raison de nos actions dans le présent. C'est une qualité du penseur supérieur.

Les avantages à court terme peuvent être douloureux à long terme

Nous sommes victimes de deux lois lorsque nous ne pratiquons pas l'autodiscipline. La première est appelée « Loi des Conséquences Involontaires. » Cette loi indique que « Les conséquences involontaires d'une action peuvent être bien pires que les conséquences intentionnelles de ce comportement par manque de réflexion à long terme. »

La deuxième est la « Loi des Effets Pervers », qui stipule que « une action à court terme axée sur la satisfaction immédiate peut entraîner des conséquences néfastes, ou inverses à celles visées. »

Par exemple, nous pourrions investir dans du temps, de l'argent ou des émotions avec la volonté et l'intention d'être mieux lotis et plus heureux. Mais comme nous avons agi sans réfléchir ou sans faire nos devoirs, les conséquences de notre comportement se sont avérées bien pires que si nous n'avions rien fait du tout. Nous avons tous vécu cette expérience, et souvent plus d'une fois.

Le dénominateur commun de la réussite

Homme d'affaires, Herbert Grey a mené une étude à long terme sur ce qu'il a appelé « le dénominateur commun de la réussite. » Après 11 ans, il a finalement conclu que le dénominateur commun de la réussite était le suivant : « Les personnes qui réussissent ont pour *habitude* de faire les choses que les personnes qui échouent n'aiment pas faire. »

Et en quoi consistaient ces choses ? Il s'est avéré que ce que les personnes qui réussissent n'aiment pas faire est exactement les mêmes que celles qui échouent, mais elles les font quand même, car elles savent que c'est le prix à payer si elles veulent avoir plus de succès et de récompenses dans l'avenir.

Herbert Grey a constaté que les gens qui réussissent se préoccupent plus des « bons résultats », tandis que les personnes qui échouent se soucient plus des « méthodes agréables ». Les personnes heureuses et qui réussissent sont plus attentives aux *conséquences positives et à long terme de leurs comportements*, tandis que les personnes qui échouent se soucient plutôt du *plaisir personnel et des satisfactions immédiates.*

L'orateur Denis Waitley, spécialiste de la motivation, a déclaré que les meilleurs éléments étaient ceux qui étaient plus préoccupés par les activités visant à « atteindre les objectifs », alors que les gens ordinaires étaient plus préoccupés par les activités visant à « relâcher la tension ».

Dîner avant le dessert

La règle la plus simple dans la pratique de l'autodiscipline est de manger « le dîner avant le dessert ». Dans un repas, il y a un ordre logique des plats, dans lequel le dessert vient en dernier. D'abord, on mange les plats principaux puis on change d'assiette, et ensuite seulement, vient le dessert.

Il y a un autocollant de voiture mignon mais trompeur qui dit : « La vie est courte, mangez d'abord le dessert ».

Imaginons ce qui se passerait si en rentrant à la maison après le travail, au lieu d'un dîner sain, l'on mangeait une grosse part de tarte aux pommes avec de la glace. Pourquoi aurions-nous envie d'une nourriture saine et nutritive après cela ? Comment nous sentirions-nous avec tout ce sucre dans l'estomac ? Est-ce que l'on se sentirait revigoré et prêt à faire quelque chose de productif ? Ou bien nous sentirions-nous fatigués, léthargiques et prêts à mettre une fin à notre journée ?

On obtient le même résultat lorsqu'on va boire un verre après le travail, puis que l'on rentre à la maison et que l'on allume la télévision. Il s'agit simplement de différentes formes de « dessert » qui suppriment en grande partie notre volonté à faire quoi que ce soit d'utile pour le reste de la soirée.

Mais le pire, c'est sans doute que tout ce que l'on fait à répétition, encore et encore, devient vite *une habitude*. Et une fois acquise, il est difficile de s'en défaire. L'habitude de prendre le chemin le plus court, de faire ce qui est divertissant et agréable, de manger le dessert avant le dîner, devient de plus en plus forte et mène inévitablement à la faiblesse personnelle, à la contre-performance et à l'échec.

L'habitude de l'autodiscipline

Heureusement, nous pouvons prendre l'habitude de nous discipliner. La pratique régulière de la discipline pour faire ce que l'on doit, quand on le doit, qu'on en ait envie ou non, devient de plus en plus forte à mesure que l'on s'y exerce.

Les mauvaises habitudes sont faciles à prendre, mais difficiles à supporter. Les bonnes habitudes sont difficiles à prendre, mais faciles à supporter. Et comme l'a dit Goethe, « Tout est difficile avant d'être facile ».

Il est difficile de prendre des habitudes d'autodiscipline, de maîtrise de soi et de contrôle de soi, mais une fois que nous les avons acquises, elles deviennent automatiques et faciles à mettre en pratique. Lorsque les habitudes d'autodiscipline sont fermement ancrées dans notre comportement, nous nous sentons mal à l'aise lorsque nous ne nous comportons pas de manière disciplinée.

Heureusement, toutes les habitudes peuvent *s'acquérir*. Nous pouvons prendre toutes les habitudes requises pour devenir le genre de personne que nous voulons devenir. Nous pouvons devenir une meilleure personne en pratiquant l'autodiscipline chaque fois que cela est nécessaire.

Toute pratique d'autodiscipline *renforce* toutes les autres disciplines. En revanche, toute faiblesse dans la discipline affaiblit également nos autres disciplines.

Pour acquérir l'habitude de l'autodiscipline, nous devons d'abord prendre une décision ferme sur la manière dont nous allons nous comporter dans un domaine précis. Puis, dans un premier temps, il faut refuser toute exception tant que l'habitude d'autodiscipline dans ce domaine n'est pas fermement établie. Chaque fois que l'on dérape, et cela arrive, on décide une fois de plus de poursuivre l'autodiscipline jusqu'à ce qu'il devienne plus aisé de se comporter de manière disciplinée que de manière indisciplinée.

La meilleure récompense

La récompense pour le renforcement de l'autodiscipline est extraordinaire ! Il y a un lien direct entre l'autodiscipline et *l'estime de soi* :

- plus on pratique la maîtrise de soi et le contrôle de soi, plus on s'apprécie et se valorise.

- plus on se discipline, plus le respect de soi et la fierté personnelle augmentent.

- plus on pratique l'autodiscipline, meilleure est l'image que l'on a de soi. On se voit et se perçoit de façon plus positive. On se sent plus heureux et plus puissant en tant que personne.

La pratique et le maintien de l'habitude de l'autodiscipline sont un travail de toute une vie, un effort permanent. Cela ne finit jamais. La tentation de suivre la voie de moindre résistance et le facteur d'opportunisme se trouve continuellement dans notre esprit. Ils attendent toujours l'occasion pour nous égarer et nous pousser à faire ce qui est amusant, facile et sans importance plutôt que ce qui est difficile, nécessaire et qui améliore la vie.

Napoléon Hill a conclu son livre à succès du même nom en stipulant que « l'autodiscipline est la *principale clé de la richesse* ». L'autodiscipline est la clé de l'estime de soi, du respect de soi et de la fierté personnelle. Elle est la garantie que nous finirons par franchir tous les obstacles et que nous nous créerons une vie merveilleuse.

La capacité à pratiquer l'autodiscipline est la véritable raison pour laquelle certaines personnes réussissent mieux et sont plus heureuses que d'autres.

Comment est rédigé ce livre

Dans les pages qui suivent, je décrirai les 21 domaines de vie dans lesquels la pratique de l'autodiscipline est essentielle pour nous permettre de nous épanouir pleinement et de réaliser tout ce que nous voulons.

Ce livre est divisé en trois parties pour une plus grande aisance de lecture. La première partie est intitulée « Autodiscipline et réussite personnelle ». Dans ces sept chapitres, nous apprendrons comment libérer de plus en plus notre *potentiel personnel* en pratiquant l'autodiscipline dans tous les domaines de notre vie personnelle, notamment en se fixant des objectifs, en se forgeant le caractère, en acceptant des responsabilités, en développant son courage et en soutenant tout ce que l'on fait avec persévérance et détermination.

Dans les sept chapitres de la deuxième partie, nous apprendrons comment atteindre des résultats bien supérieurs à ceux que nous avons connus jusqu'alors dans le secteur *des affaires, des ventes et des finances personnelles*. Nous apprendrons pourquoi et comment l'autodiscipline est essentielle pour devenir un leader dans son secteur, pour exploiter une entreprise de manière plus rentable, pour réaliser plus de ventes, pour investir plus intelligemment et pour gérer notre temps afin d'obtenir les meilleurs résultats possibles.

Enfin, dans les sept chapitres de la troisième partie, nous apprendrons à appliquer le miracle de l'autodiscipline à notre *vie personnelle*. Nous apprendrons à pratiquer l'autodiscipline dans les domaines du bonheur, de la santé, de la forme physique, du mariage, des enfants, de l'amitié et de la sérénité. Nous apprendrons à améliorer notre qualité de vie et nos relations dans tous les domaines.

Dans chaque chapitre, je vous présenterai des histoires, des citations, des exemples et des anecdotes pour illustrer les principes, et pour démontrer comment nous pouvons intégrer des niveaux plus élevés d'autodiscipline et de maîtrise de soi dans tout ce que l'on fait.

Dans les pages suivantes, nous apprendrons comment prendre le contrôle total de son développement personnel et professionnel, et comment devenir une personne plus forte, plus heureuse et plus sûre dans tous les domaines de la vie qui sont importants. Nous apprendrons à rompre les vieilles habitudes qui peuvent nous freiner, et à développer des habitudes de confiance en soi, d'autodétermination et d'autodiscipline qui nous permettront de nous fixer et d'atteindre n'importe quel objectif. Nous apprendrons à contrôler totalement notre esprit, nos émotions et notre avenir.

Lorsque l'on maîtrise le pouvoir de l'autodiscipline, nous devenons *imparables,* comme une force de la nature. Nous accomplirons plus au cours des mois et des années à venir que la plupart des gens ne le feront en une vie entière.

Partie I

L'AUTODISCIPLINE ET LA RÉUSSITE PERSONNELLE

La réussite dans la vie dépend davantage de la personne que l'on devient que des choses que l'on fait ou que l'on acquiert. Comme l'écrivit Aristote, « Le but ultime de la vie est la formation du caractère ». Dans ces chapitres, nous apprendrons comment développer et utiliser la discipline pour devenir une meilleure personne. Nous apprendrons à développer l'estime de soi, le respect de soi et la fierté personnelle. Nous apprendrons les pratiques fondamentales nécessaires à la grandeur de l'homme et comment les intégrer dans notre personnalité et notre caractère.

Chapitre 1

L'AUTODISCIPLINE ET LA RÉUSSITE PERSONNELLE

« La victoire sur soi est la plus grande des victoires. »

— Platon

Pourquoi certaines personnes réussissent-elles mieux que d'autres dans leur vie personnelle et professionnelle ? Cette question a intéressé quelques-uns des plus grands esprits de toute l'histoire de l'humanité. Il y a plus de 2 300 ans, Aristote a écrit que le but ultime de la vie humaine était d'être heureux. Selon lui, la grande question à laquelle chacun de nous doit répondre est : *« Comment devons-nous vivre pour être heureux ? »*

Notre capacité à se demander et à répondre correctement à cette question pour nous-même - et ensuite à se tenir cette réponse - influencera grandement notre capacité à atteindre le bonheur, ainsi que le temps qu'il nous faudra pour y parvenir.

Il faut commencer par nos règles personnelles. Comment définit-on la réussite ? Si l'on pouvait agiter une baguette magique et rendre sa vie parfaite en tout point, à quoi ressemblerait-elle ?

Quelle est notre vie idéale

Si notre *entreprise*, notre *travail* et notre *carrière* étaient parfaits à tous points de vue, à quoi ressembleraient-ils ? Que ferions-nous ? Pour quel type d'entreprise travaillerions-nous ? Quel poste occuperions-nous ? Combien d'argent gagnerions-nous ? Avec quel genre de personnes travaillerions-nous ? Que devrions-nous faire d'autre pour construire notre carrière idéale ?

Si notre *vie de famille* était parfaite à tous points de vue, à quoi ressemblerait-elle ? Où habiterions-nous, et comment vivrait-on ? Quel genre de vie aurions-nous ? Quel genre de choses voudrait-on avoir et faire avec les membres de sa famille ? Si nous n'avions pas de limites et que nous pouvions agiter une baguette magique, de quelle manière changerions-nous notre vie familiale aujourd'hui ?

Si notre *santé* était parfaite, comment la décrirait-on ? Comment se sentirait-on ? Quel serait notre poids ? En quoi notre état de santé et notre condition physique seraient-ils différents de ce qu'ils sont aujourd'hui ? Et surtout, quelles mesures pourrions-nous immédiatement prendre pour nous rapprocher de notre idéal de santé ?

Si notre *situation financière* était idéale, combien aurait-on à la banque ? Combien gagnerait-on chaque mois et chaque année grâce à nos investissements ? Si nous avions assez d'argent pour ne plus jamais avoir à nous en soucier, quel serait ce montant ? Quelles mesures pourrions-nous prendre, à partir d'aujourd'hui, pour nous créer une situation financière idéale ?

Suivons notre propre chemin

Une bonne définition de la réussite est « être capable de vivre sa vie à sa façon, en ne faisant que les choses que l'on veut faire, avec les personnes que l'on choisit, dans les situations que l'on désire. »

Chaque fois que l'on essaie de définir ce que la « réussite » signifie pour nous, on peut immédiatement choisir les choses que l'on devrait plus ou moins entreprendre pour créer sa vie idéale. Et la plus grande entrave à cette vie parfaite est généralement un manque d'autodiscipline.

Ce n'est pas que l'on ne sait pas *quoi* faire, le problème est que nous n'avons pas la *discipline* nécessaire pour faire ce que nous devons faire, que cela nous plaise ou non.

Rejoignez le groupe des Top 20 %

Dans notre société, 20 % de la population détient et jouit de 80 % des richesses et des récompenses. Ce « principe de Pareto » a été prouvé à maintes reprises depuis qu'il a été formulé pour la première fois en 1895 par Vilfredo Pareto. Le premier objectif dans notre carrière devrait donc être de faire partie des 20 % des personnes les plus riches dans notre domaine de prédilection.

Au XXIe siècle, les connaissances et les compétences sont primordiales. Plus on acquiert de connaissances et plus on a de capacités, plus on devient compétent et précieux. Plus l'on s'améliore dans ce que l'on fait, plus la capacité de gagner un revenu augmente, comme les intérêts composés.

Hélas, la majorité des gens - les 80 % les plus pauvres - ne font que peu ou pas d'efforts pour améliorer leurs compétences. Selon l'ouvrage de Geoffrey Colvin, *Talent Is Overrated* (Le talent est surfait), publié en 2009, la plupart des gens apprennent leur métier dès la première année de leur emploi et ne progressent jamais. Seules les personnes les plus compétentes dans tous les domaines sont déterminées à se perfectionner en permanence.

En raison de cette disparité croissante de la capacité de production, basée sur les connaissances, les compétences et le travail, le top 1 % des Américains contrôle aujourd'hui jusqu'à 33 % des actifs financiers.

Partir de rien

Il est intéressant de noter que la plupart des gens commencent de la même façon dans la vie, avec peu ou rien. Quasiment toutes les fortunes en Amérique (et dans le monde) sont de *première* génération. Autrement dit, chaque personne a commencé avec peu ou rien, et a gagné seul tout ce qui lui appartient dans sa vie actuelle.

Les personnes les plus riches d'Amérique sont presque toutes des multimilliardaires de la première génération. C'est le cas de riches Américains tels que Bill Gates, Warren Buffett, Larry Ellison, Michael Dell et Paul Allen. Au moins 80 % des millionnaires et des multimillionnaires ont commencé avec peu d'argent, souvent même sans le sou, parfois très endettés et avec peu de privilèges, comme Sam Walton, qui est mort en ayant plus de 100 milliards de dollars. Pourquoi ces personnes ont-elles réussi tant de choses alors que tellement d'autres ont accompli si peu ?

Dans leur livre, *The Millionaire Next Door* (Le millionnaire d'à côté), Thomas Stanley et William Danko ont interviewé plus de 500 millionnaires et en ont interrogé 11 000 autres durant 25 ans. Ils leur ont demandé pourquoi ils estimaient avoir réussi à atteindre l'indépendance financière alors que la plupart des gens autour d'eux, qui avaient débuté au même niveau, étaient encore en difficulté. 85 % de cette nouvelle génération de millionnaires ont répondu quelque chose comme « Je n'ai pas eu une meilleure instruction ou plus d'intelligence, mais j'étais prêt à travailler *beaucoup plus dur* que quiconque. »

Le travail acharné est la clé

La condition indispensable pour travailler avec acharnement est l'autodiscipline. La réussite n'est possible que lorsque l'on peut surmonter la tendance naturelle à prendre des raccourcis et à suivre la voie de moindre résistance. Une réussite durable n'est possible que si l'on s'impose la discipline nécessaire pour travailler assidûment et à long terme.

Comme je l'ai évoqué dans l'introduction, j'ai commencé ma propre vie sans argent ni privilèges. Pendant des années, je vivais de petits boulots, gagnant juste assez pour aller de salaire en salaire. Je suis arrivé par hasard dans la vente lorsque je n'ai plus pu trouver de travail comme ouvrier. J'ai tourné en rond pendant de nombreux mois avant de me poser cette question : « Pourquoi certaines personnes réussissent mieux dans la vente que d'autres ? »

Un des meilleurs vendeurs de l'entreprise m'a alors expliqué que 20 % des vendeurs gagnaient 80 % du chiffre d'affaires. Je n'avais jamais entendu cela auparavant. Cela signifiait que 80 % des moins bon vendeurs devaient se contenter des 20 % restants, c'est-à-dire ce qui restait après que les meilleurs avaient pris la part du lion. C'est à ce moment-là que j'ai décidé que je ferai partie des 20 % des meilleurs. Cette décision a changé ma vie.

La Grande Loi

Puis j'ai découvert la « Loi d'airain », qui permettait d'atteindre le top 20 %. C'était la Loi de Cause à Effet, autrement dit la loi de la semence et de la moisson. Cette loi indique que « pour chaque effet, il y a une cause précise ou une série de causes ».

Cette loi stipule que, si l'on veut réussir dans un domaine quelconque, il faut définir comment y parvenir, puis mettre en pratique ses compétences et ses actions, encore et encore, jusqu'à ce que l'on obtienne les mêmes résultats.

Voici la règle : « Si l'on *fait* ce que les gens qui réussissent font, jour après jour, rien ne peut nous empêcher d'obtenir les mêmes récompenses qu'eux. Par contre, si l'on *ne fait pas* ce que les personnes qui réussissent font, alors rien ne peut nous y aider. »

La loi des semailles et moissons, tirée de l'Ancien Testament, est une variante de la loi de cause à effet. Elle stipule que « Ce qu'un homme aura semé, il le récoltera aussi ». Cette loi signifie que l'on retire profit de tout ce que l'on investit. Elle dit aussi que ce que l'on récolte aujourd'hui est le résultat de ce que l'on a semé dans le passé. Donc, si nous ne sommes pas satisfaits de notre « récolte » actuelle, c'est à nous, dès aujourd'hui, de planter une *nouvelle* semence, de commencer à faire plus de choses qui mènent à la réussite et de cesser de nous investir dans les activités qui ne mènent à rien.

La réussite est prévisible

La réussite n'arrive pas par hasard. Malheureusement, l'échec n'est pas non plus un hasard. Nous réussissons lorsque nous faisons les mêmes choses que les gens qui réussissent, sans cesse, jusqu'à ce que ces comportements deviennent une habitude. Nous échouons si nous renonçons à faire ce que font les gens qui réussissent. Dans tous les cas, la nature est totalement *neutre*. La nature ne prend pas parti. La nature ne se soucie pas. Ce qui nous arrive est simplement une question de loi, la loi de cause à effet.

Il faut se considérer comme une machine munie d'un mécanisme *par défaut*. Par défaut notre mécanisme se met automatiquement en route en l'absence d'autodiscipline. Par défaut notre mécanisme est l'attirance quasiment irrépressible du facteur d'opportunisme et de la voie du moindre effort que j'ai décrit précédemment. Par défaut notre mécanisme est responsable de nos contre-performances et des échecs de concrétisation de notre véritable potentiel.

Lorsque nous ne travaillons pas *volontairement, consciemment* et *continuellement* pour faire, être et avoir ces choses qui constituent la réussite pour nous, par défaut notre mécanisme se déclenche. Nous finissons par faire ce qui est amusant, facile et de faible valeur à court terme, ce qui nous conduit à la frustration, aux soucis financiers et à l'échec à long terme.

Les secrets de la réussite

Le grand magnat du pétrole, H.L. Hunt, qui fut un temps le milliardaire le plus riche du monde, s'est vu un jour demander par un journaliste de la télévision ses « secrets de la réussite ». Il a répondu : « Il n'y a que trois conditions pour réussir. Tout d'abord, il faut décider exactement de ce que l'on veut dans la vie. Ensuite, il faut déterminer le prix que l'on va devoir payer pour obtenir ce que l'on veut. Et enfin, et c'est le plus important, il faut se résoudre à le payer. »

L'une des conditions les plus importantes de la réussite, une fois que l'on a décidé ce que l'on veut, est la qualité de la *volonté*. Les personnes qui réussissent sont prêtes à en payer le prix, quel qu'il soit, et aussi longtemps qu'il le faut, jusqu'à ce qu'elles obtiennent les résultats qu'elles recherchent.

Tout le monde veut réussir. Tout le monde veut être en bonne santé, heureux, mince et riche. Mais la plupart des gens ne sont pas prêts à en payer le prix. Il arrive qu'ils soient prêts à payer une *partie* du prix, mais ils ne sont pas prêts à payer le prix *fort*. Ils hésitent toujours. Ils ont toujours une excuse ou une justification pour ne pas se discipliner et faire tout ce qui est nécessaire pour atteindre leurs objectifs.

Payer le prix

Comment savoir si l'on a payé le prix fort de la réussite ? C'est simple. Il suffit d'observer autour de soi. C'est là que ça se passe ! Nous pouvons savoir à quel point nous avons payé le prix de la réussite en regardant notre style de vie actuel et notre compte en banque. Selon la Loi de Correspondance, notre monde extérieur reflètera toujours, comme un miroir, la personne que nous sommes et le prix que nous avons payé, *à l'intérieur*.

Il y a un aspect intéressant au sujet du prix de la réussite : il faut toujours payer le prix fort, et *à l'avance*. La réussite, quelle que soit la définition qu'on lui donne, n'est pas comme un restaurant, où l'on paie après avoir savouré son repas. C'est plutôt comme une cantine, où l'on peut choisir ce que l'on veut, mais il faut payer avant de manger.

L'orateur de motivation Zig Ziglar a déclaré : « L'ascenseur de la réussite est en panne, mais l'escalier est toujours accessible. »

Apprendre auprès des spécialistes

Kop Kopmeyer, évoqué dans l'introduction, m'a révélé le deuxième critère de réussite le plus important, après l'autodiscipline. Il a dit : « Apprenez avec des spécialistes. Vous ne vivrez jamais assez longtemps pour tout apprendre par vous-même. »

Si l'on veut réussir, la première chose à faire est d'apprendre ce qu'il faut pour atteindre ses objectifs. Il est nécessaire d'apprendre auprès des spécialistes. Lire leurs livres, écouter leurs programmes audio, assister à leurs séminaires. Il faut leur écrire ou les approcher directement et leur demander des conseils. Parfois, une seule idée suffit pour changer notre vie.

Il y a quelques années, un ami m'a recommandé un excellent dentiste. J'ai appris plus tard qu'il avait une très bonne réputation, on l'appelait le « dentiste des dentistes ». C'était le dentiste que les autres dentistes consultaient lorsqu'ils avaient besoin d'un excellent travail dentaire. Il m'a dit qu'il assistait à toutes les grandes conférences dentaires possibles. Lorsqu'il y était, il assistait à toutes les sessions, écoutant les dentistes de tout le pays, et même du monde entier, discuter des dernières avancées de la technologie dentaire.

Un jour, au prix de grands sacrifices en temps et en argent, il a assisté à une conférence dentaire internationale à Hong Kong. Lors de cette conférence, il a assisté à une session donnée par un dentiste japonais qui avait découvert une nouvelle technologie en chirurgie esthétique qui améliorait l'apparence des dents et permettait aux gens d'avoir définitivement une belle dentition.

Il retourna à San Diego et commença immédiatement à mettre en pratique cette nouvelle technique. Il devint rapidement excellent dans ce secteur, acquit une réputation nationale, et en l'espace de quelques années, les gens vinrent le voir de tout le sud-ouest des États-Unis pour ce traitement. Il ne cessa d'augmenter ses honoraires, et finalement, il gagna tellement d'argent qu'il put prendre sa retraite à l'âge de 55 ans, étant financièrement indépendant et capable de passer le reste de sa vie avec sa famille, à voyager et à réaliser ses rêves.

L'intérêt de cette histoire est qu'en recherchant continuellement des idées et des conseils auprès d'autres spécialistes dans son secteur, il a découvert une nouvelle technologie qui lui a épargné dix années de travail acharné pour atteindre le même niveau de réussite financière. Cela pourrait tous nous arriver, mais seulement si nous devenons des étudiants à vie de notre métier.

La forme mentale et physique doivent être *stimulées constamment*

Réussir, c'est comme atteindre une bonne forme physique. C'est comme se laver, se brosser les dents et manger. C'est quelque chose que l'on fait en permanence, tous les jours. Une fois que l'on a commencé, on ne s'arrête jamais jusqu'à la fin de sa vie et de sa carrière, et jusqu'à ce que l'on ait atteint la réussite que l'on ambitionne.

Il y a quelque temps, je donnais un séminaire à Seattle. Juste avant la pause, j'ai invité les participants à acheter et à écouter mes programmes audio sur la vente, la gestion du temps et la réussite personnelle. Durant la pause, plusieurs personnes sont venues me voir pour me poser des questions sur le contenu du séminaire. Un vendeur s'est avancé et m'a dit : « Lorsque vous incitez les gens à acheter vos programmes, vous devriez leur dire toute la vérité. »

Comme d'habitude, j'ai demandé : « Que voulez-vous dire ? »

Il a poursuivi en disant : « Vous ne dites pas toute la vérité sur vos programmes. Vous devriez dire aux gens qu'ils ne fonctionnent que pendant un certain temps, puis qu'ils cessent de fonctionner. »

Je lui ai à nouveau demandé : « Comment ça ? »

Il m'a dit : « Je suis venu à votre séminaire il y a environ 5 ans et j'ai été tout à fait convaincu par votre présentation. J'ai acheté tous vos programmes et j'ai commencé à les écouter. Je les lisais tous les jours, ceux sur la vente. Et vous aviez raison, au cours des 3 années suivantes, j'ai triplé mes revenus et suis devenu le meilleur vendeur de mon entreprise. Mais ensuite, mes revenus ont plafonné et n'ont plus augmenté du tout au cours des deux dernières années. Le fait est que vos supports cessent de fonctionner après un certain temps. »

Je lui ai alors demandé : « Que s'est-il passé pour vous il y a deux ans, lorsque vos revenus ont plafonné et cessé d'augmenter ? »

Il a réfléchi un moment puis a dit : « Eh bien, je vendais tellement que j'ai été embauché par une autre entreprise. Depuis que j'ai commencé mon nouveau travail, mes revenus ont plafonné. »

Je lui ai demandé : « Qu'avez-vous fait différemment dans votre nouvel emploi par rapport à votre emploi précédent ? »

Il a commencé à répondre, puis s'est arrêté, et un regard surpris est apparu sur son visage. Finalement, il a répondu : « Oh mon Dieu ! J'ai arrêté de le faire. Quand j'ai changé d'emploi, j'ai arrêté de lire à propos de la vente. J'ai arrêté d'écouter des programmes audio. J'ai arrêté d'assister à des séminaires. J'ai tout arrêté ! »

Il s'est éloigné en secouant la tête, en marmonnant « J'ai tout arrêté. J'ai tout arrêté. J'ai tout arrêté. »

Devenir un expert dans son secteur, perfectionner constamment ses compétences, ce dont je parlerai au chapitre 5, c'est comme la condition physique. Si l'on arrête de faire de l'exercice pendant un certain temps, notre forme physique ne reste pas au même stade, nous finissons par régresser. Notre corps et nos muscles deviennent plus mous et plus faibles. Nous perdons de la force, de la souplesse et de l'endurance. Afin de garder la forme, nous devons continuer à travailler nos muscles chaque jour, continuellement.

Devenir le meilleur de soi-même

Il y a une raison encore plus importante de pratiquer l'autodiscipline qui permet d'aller de l'avant et de réussir, la pratique de l'autodiscipline permet de changer son caractère, de devenir quelqu'un de plus fort et de meilleur. La pratique de l'autodiscipline a un effet puissant sur notre esprit et nos émotions. L'autodiscipline fait de nous une personne différente de celle que l'on serait sans cela.

Imaginons-nous dans un laboratoire de chimie. On mélange une série de produits chimiques dans une boîte de pétri et nous la mettons sur un brûleur Bunsen. Ce dernier chauffe les produits chimiques jusqu'à ce qu'ils cristallisent et durcissent. Mais une fois qu'ils ont cristallisé sous l'effet de la chaleur intense, ils ne peuvent plus redevenir liquide.

Dans le même ordre d'idées, au début notre caractère est comme un liquide - doux, fluide et informe. Mais lorsque nous appliquons l'autodiscipline (de la chaleur), lorsque nous nous poussons à faire ce qui est dur et nécessaire plutôt que ce qui est amusant et facile, notre caractère se renforce et se cristallise lui aussi à un plus haut niveau.

Le meilleur avantage que nous tirons de la pratique de l'autodiscipline est de devenir une nouvelle personne. Nous devenons plus fort et plus déterminé. Nous développons une plus grande maîtrise de soi et une plus grande volonté. En fait, nous façonnons, nous renforçons notre caractère et nous évoluons de manière très positive.

La règle est la suivante : « Pour devenir quelqu'un que nous n'avons jamais été, il faut faire quelque chose que nous n'avons jamais fait auparavant. » Pour développer un caractère plus fort, il faut exercer sur soi un niveau toujours plus élevé d'autodiscipline et de maîtrise de soi. Nous devons faire les choses que les gens en général n'aiment pas faire.

Un autre principe de réussite est le suivant : « Pour accomplir quelque chose que nous n'avons jamais fait avant, nous devons apprendre et mettre en pratique des qualités et des compétences que nous n'avons jamais eues auparavant. »

En pratiquant l'autodiscipline, on devient une nouvelle personne. On devient meilleur, plus fort et plus clairement défini. On développe une meilleure estime de soi, un plus grand respect de soi et une plus grande fierté personnelle. On progresse sur la voie de l'évolution humaine et on devient une personne ayant un caractère et une détermination plus élevés, plus définis.

La réussite, c'est ça la récompense

Le plus beau dans la réussite, c'est que chaque pas dans cette direction est gratifiant en soi. Chaque pas que l'on fait pour devenir une meilleure personne et en faire plus, nous rend plus heureux, plus confiants et plus épanouis.

Vous connaissez le dicton « Rien ne remplace la réussite ». La plus grande récompense de la réussite n'est *pas l'argent que l'on gagne*, mais plutôt *la personne que l'on devient* en s'efforçant de réussir et en faisant preuve d'autodiscipline chaque fois que cela est nécessaire.

Dans le chapitre suivant, j'expliquerai comment on peut véritablement devenir une personne exceptionnelle.

Exercices pratiques :

Prenez tout de suite un stylo et écrivez vos réponses aux questions suivantes.

1. Si votre vie professionnelle et votre carrière étaient parfaites, à quoi ressembleraient-elles ? Quelle compétence pourriez-vous perfectionner pour les atteindre ?

2. Si votre vie de famille était parfaite, à quoi ressemblerait-elle et quelles mesures vous aideraient le plus à la concrétiser ?

3. Si votre santé était parfaite à tous points de vue, quelles compétences vous permettraient d'y parvenir ?

4. Si votre situation financière était parfaite aujourd'hui, quelle serait la compétence que vous possédez qui vous aiderait le plus ?

5. Pourquoi ne réussissez-vous pas *déjà* aussi bien que vous le souhaitez, et quelle compétence vous aiderait le plus à atteindre tous vos objectifs ?

6. Quelle est la compétence que vous pourriez perfectionner et qui vous aiderait à réaliser davantage vos objectifs ?

7. Si vous pouviez, d'un coup de baguette magique, être parfaitement discipliné dans un domaine, quelle mesure aurait le plus grand impact positif sur votre vie ?

Chapitre 2

L'AUTODISCIPLINE ET LE CARACTÈRE

*« Allez au-delà de ce que l'on attend de vous.
Ne vous excusez jamais. Ne vous apitoyez pas sur votre sort.
Soyez exigeant envers vous-même, mais faites preuve
d'indulgence envers les autres. »*

— Henry Ward Beecher, ecclésiastique du 19ème siècle

Le caractère se forme durant toute notre vie. Notre aptitude à acquérir une réputation de personne de caractère et d'honneur est la plus grande réussite de la vie sociale et professionnelle. Ralph Waldo Emerson a écrit : « Ce que vous êtes me parle si fort que je n'entends pas un mot de ce que vous dites. »

La personne que nous sommes aujourd'hui, notre personnalité la plus profonde, est le résultat de tous nos choix et décisions dans la vie jusqu'à ce jour. Chaque fois que nous avons fait le bon choix et agi au mieux, nous avons renforcé notre caractère et sommes devenus une meilleure personne. De même, chaque fois que nous avons fait des compromis, choisi le chemin le plus facile ou agi en contradiction avec ce qui est juste, nous avons affaibli notre caractère et ramolli notre personnalité.

Les grandes vertus

Il existe un ensemble de vertus ou de valeurs que possède normalement une personne de caractère. Il s'agit, entre autres, du courage, de la compassion, de la générosité, de la retenue, de la persistance et de l'amabilité. Nous parlerons de certaines d'entre elles dans la troisième partie de ce livre. Mais la plus importante de toutes les valeurs pour déterminer la richesse et la force de notre caractère est *l'intégrité*.

C'est notre degré d'intégrité, le fait de vivre en totale sincérité avec soi-même et avec les autres, qui démontre au mieux la qualité de notre caractère. Dans une certaine mesure, l'intégrité est en fait la valeur qui *assure* toutes les autres valeurs. Plus notre degré d'intégrité est élevé, plus nous sommes honnêtes avec nous-même, plus il est probable que l'on vive en accord avec toutes les autres valeurs que l'on admire et respecte.

Il faut faire preuve d'une grande autodiscipline pour devenir une personne de caractère. Il faut une énorme volonté pour toujours « faire ce qu'il faut » dans chaque situation. Il faut de l'autodiscipline et de la volonté pour résister à la tentation de lésiner, de choisir la facilité ou d'agir pour un profit à court terme.

La vie entière n'est qu'*épreuve*, pour voir de quoi nous sommes réellement faits au plus profond de nous. La *sagesse* peut être perfectionnée en privé, par l'étude et la réflexion. Mais le *caractère* ne peut se développer que dans les échanges de la vie quotidienne, lorsqu'on est obligé de choisir et de décider parmi les possibilités et les tentations.

L'épreuve du caractère

Ce n'est que lorsque, sous pression, nous sommes obligés de choisir une voie ou une autre, de vivre en accord avec une valeur ou de transiger, que nous dévoilons notre véritable caractère. Emerson a également dit : « Protégez votre intégrité comme une chose divine. Finalement, rien n'est plus sacré que l'intégrité de votre esprit. »

Nous sommes des « êtres de décision ». Nous faisons constamment des choix, dans un sens ou l'autre. Chaque décision prise est une affirmation de nos vraies valeurs et priorités. À chaque instant, nous choisissons ce qui est le plus important, ou ce qui a le plus de valeur pour nous, et non pas le moins important, ou le moins de valeur.

Le caractère est le seul rempart contre la tentation, la voie de moindre résistance et le facteur d'opportunisme. La seule façon de développer pleinement notre caractère est d'exercer notre volonté dans chaque situation où nous sommes tentés de faire ce qui est facile et opportun plutôt que ce qui est correct et nécessaire.

La grande récompense

En devenant une personne de caractère, en exerçant sa volonté et son autodiscipline pour vivre en accord avec ce que l'on sait être le mieux, on en retire une grande récompense. Lorsque nous choisissons la difficulté plutôt que la facilité, le bien plutôt que le mal, nous nous sentons bien dans notre peau. L'estime de soi augmente. Nous nous aimons et nous nous respectons davantage. Nous avons un plus grand sens de dignité et de fierté personnelle.

En plus de se sentir bien dans sa peau lorsque nous agissons avec caractère, nous gagnons le respect et l'estime de toutes les personnes qui nous entourent. Ils nous admirent et nous prennent pour modèle. Les portes s'ouvrent pour nous et les gens nous aident. Nous serons mieux payés, nous obtiendrons des promotions plus rapidement et nous aurons des responsabilités plus importantes. Lorsque nous devenons une personne honorable et ayant du caractère, le monde s'ouvre autour de nous.

En revanche, nous pouvons avoir toute l'intelligence, le talent et les compétences du monde, mais si les gens ne nous font pas confiance, nous ne pourrons jamais progresser. Personne ne nous embauchera, et s'ils le font, ils nous licencieront rapidement. Nous ne pourrons contracter de prêts. Les seuls associés (jamais amis) que l'on aura seront d'autres personnes au caractère douteux, parce que « qui se ressemble s'assemble ». Étant donné que les personnes que nous fréquentons ont un effet important sur notre attitude et notre personnalité, nous construisons ou détruisons notre vie entière avec qualité de notre caractère - ou de son absence.

Le renforcement du caractère

Aristote a écrit : « Tout progrès dans la société commence par le renforcement du caractère des jeunes. » La progression dans notre vie commence par l'apprentissage et la pratique des valeurs.

Les valeurs s'acquièrent de trois manières : l'enseignement, les études et la pratique. Examinons de plus près chacune de ces méthodes.

Enseigner des valeurs à nos enfants. L'un des principaux rôles du parent est d'enseigner des valeurs aux enfants. Cela implique une éducation patiente, en leur expliquant les valeurs à maintes reprises au fur et à mesure qu'ils grandissent. Une seule fois ne suffit pas. Les valeurs, et l'importance de vivre selon ces valeurs, doivent être expliquées. Il faut donner des exemples et mettre en exergue le respect d'une valeur, notamment celle de la vérité, par rapport à son contraire, le mensonge ou les demi-vérités.

Les enfants, au cours de leur croissance, sont très sensibles aux leçons qu'ils reçoivent des personnes importantes de leur entourage. Ils acceptent ce que l'on dit en tant que parent, comme un fait, comme une vérité absolue. Ils absorbent tout ce que nous disons, comme une éponge. Nous gravons nos propres valeurs dans leur esprit, qui est comme de la pâte à modeler, ainsi ce que nous leur transmettons devient une partie intégrante de leur façon de voir le monde et d'appréhender la vie.

Mais avant tout, comme nous le verrons au chapitre 19, nous montrons nos valeurs par notre comportement. Nos enfants nous observent et imitent les valeurs que nous enseignons, prêchons et pratiquons. Ils sont constamment en train de regarder.

Les enfants de la famille Rockefeller étaient célèbres pour avoir appris les valeurs financières dès leur plus jeune âge. Même si leur père était l'un des hommes les plus riches d'Amérique, les enfants devaient accomplir des tâches et des corvées avant de recevoir leur argent de poche. Ils recevaient ensuite des directives sur la manière de dépenser leur argent de poche : comment épargner, combien donner aux œuvres de charité et combien investir. Ainsi, ils sont devenus des hommes d'affaires et des hommes d'État prospères, contrairement aux enfants qui avaient grandi dans des foyers aisés et qui étaient rarement disciplinés en matière d'argent.

Étudier les valeurs que nous admirons. Nous apprenons les valeurs en les étudiant attentivement. La Loi de la Concentration stipule que « tout ce sur quoi nous nous attardons se développe et augmente dans notre vie. »

Cela signifie donc que, lorsque nous étudions, que nous lisons des histoires sur des hommes et femmes qui ont les mêmes valeurs que nous, et que nous pensons à ces histoires et à ces comportements, ces valeurs s'imprègnent de plus en plus profondément dans notre esprit. Une fois ces valeurs « imprégnées » dans notre subconscient, elles créent en nous une prédisposition à nous comporter en accord avec ces valeurs lorsque la situation l'exige.

Au cours de la formation militaire, les soldats se voient continuellement raconter des histoires de courage, d'obéissance, de discipline et de l'importance de soutenir leurs camarades. Plus ils entendent ces histoires, en discutent et y pensent, plus ils sont susceptibles d'adopter un comportement conforme à ces valeurs lorsqu'ils sont soumis à la pression du combat réel.

La vérité est la base du caractère. Chaque fois que nous disons la vérité, aussi gênante soit-elle sur le moment, nous nous sentons mieux dans notre peau et nous obtenons le respect des personnes qui nous entourent. L'un des plus grands éloges que nous puissions faire à quelqu'un est de dire : « Il ou elle dit toujours la vérité. »

Imiter les personnes que l'on admire le plus. Une grande partie de notre caractère est déterminée par les personnes que nous admirons le plus, vivantes ou non. Qui sont-elles ? En passant en revue notre vie et notre histoire, essayons d'établir une liste des 10 personnes que nous admirons le plus et, à côté de leur nom, écrivons les vertus ou les valeurs qu'elles incarnent le plus à nos yeux.

Imaginons pouvoir passer un après-midi avec quelqu'un, vivant ou disparu, quelle personne choisirions-nous ? Pourquoi choisirions-nous cette personne ? De quoi parlerions-nous durant une après-midi ensemble ? Quelles questions poserions-nous ou que voudrions-nous savoir ?

Considérons également ceci : pourquoi cette personne voudrait-elle passer un après-midi avec *nous* ? Quelles sont les vertus et les valeurs que nous avons acquises et qui font de nous une personne de valeur et digne d'intérêt ? Qu'est-ce qui nous rend spécial ?

Mettre en pratique les valeurs que nous respectons. Nous développons des valeurs en les mettant en pratique chaque fois que cela est nécessaire. Comme le disait le philosophe romain stoïcien Épictète : « *Les circonstances ne font pas l'homme, elles ne font que le révéler à lui-même.* »

Lorsqu'un problème survient, nous avons tendance à réagir automatiquement sur la base des valeurs les plus importantes que nous avons développées jusque-là.

Nous acquérons des valeurs par la *répétition*, en adoptant un comportement en accord avec une valeur spécifique, encore et encore, jusqu'à ce qu'elle devienne une habitude, et qu'elle soit intégrée de manière à ce qu'on l'applique automatiquement. Les hommes et les femmes qui ont un caractère très affirmé se comportent en accord avec leurs plus grandes valeurs sans réfléchir ni hésiter. Ils ne se demandent pas s'ils font la bonne chose ou non.

La structure de la personnalité

La *psychologie* du caractère comprend les trois parties de notre personnalité : notre idéal personnel, notre image de soi et notre estime de soi.

Notre idéal personnel. Notre idéal personnel est la partie de notre esprit composée de nos valeurs, nos vertus, nos idéaux, nos buts, nos ambitions et l'idée que nous avons de la meilleure personne que nous puissions être. Notre idéal personnel est composé des valeurs que nous admirons le plus chez les autres et que nous souhaitons le plus avoir en nous.

La partie la plus importante de notre idéal personnel est résumée dans le mot « lucidité ». Les personnes qui sont supérieures sont celles qui sont parfaitement lucides sur qui elles sont et ce qu'elles croient. Elles ont une totale lucidité sur les valeurs auxquelles elles croient et sur ce qu'elles défendent. Elles ne sont ni confuses ni indécises. Elles sont fermes et résolues lorsqu'il s'agit de prendre une décision qui implique une valeur.

En revanche, les personnes faibles et irrésolues sont floues et peu lucides quant à leurs valeurs. Elles n'ont qu'une très vague idée de ce qui est bien ou mal dans une situation donnée. De ce fait, elles prennent la voie de moindre résistance et agissent de manière opportune. Elles font tout ce qui semble être la chose la plus rapide et la plus facile pour obtenir ce qu'elles veulent à court terme, sans se soucier des conséquences de leurs actes.

L'évolution du caractère. En biologie, nous pouvons classer les formes de vie de la moins complexe à la plus complexe, du plancton unicellulaire à l'être humain, en passant par l'éventail de plus en plus élaboré de la vie. Nous pouvons également classer les êtres humains selon un ordre de complexité, du moins développé au plus développé. Les formes les plus basses de l'être humain sont celles qui n'ont pas de valeurs, pas de vertus et pas de caractère. Elles agissent toujours de manière expéditive et empruntent la voie de la facilité en quête de satisfaction immédiate.

Les hommes et les femmes d'une intégrité totale, ceux qui ne compromettraient jamais leur honnêteté ou leur caractère pour quoi que ce soit, y compris la menace de perte, de douleur ou même de mort, se trouvent aux plus hauts niveaux de développement de la race humaine.

George Washington était célèbre pour son honnêteté, et pour avoir admis qu'il avait abattu le cerisier lorsque son père le lui avait demandé. Les pères fondateurs des États-Unis ont écrit « nous engageons par la présente nos vies, nos fortunes et notre honneur sacré » lors de la signature de la Déclaration d'Indépendance.

Dans son livre *Trust : The Social Virtues and the Creation of Prosperity* (La confiance : les vertus sociales et la création de la prospérité), le philosophe Francis Fukuyama constate que les pays du monde entier peuvent être divisés en sociétés « à forte confiance » et « à faible confiance ». Il a également découvert que les sociétés où la confiance est la plus élevée, c'est-à-dire celles où l'intégrité est la plus admirée, encouragée et respectée, sont également les sociétés les plus respectueuses des lois, les plus libres et les plus prospères de la planète.

Aux antipodes, on trouve les pays qui se caractérisent par la tyrannie, le vol, la malhonnêteté et la corruption. Chacune de ces sociétés, sans exception, est à la fois antidémocratique et pauvre.

La confiance est la clé. La confiance est le catalyseur des relations humaines. Lorsqu'il existe une grande confiance entre les personnes, l'activité économique est florissante et des occasions s'offrent à tous. Lorsque la confiance est insuffisante, les ressources économiques sont dilapidées pour tenter de se protéger contre le vol et la corruption, ou alors ces ressources ne sont pas disponibles du tout.

La Constitution américaine et la Déclaration des Droits sont des documents qui codifient des lois et des règlements visant à garantir que seuls les hommes et les femmes de caractère peuvent prospérer dans le système économique, politique et social américain. Ces documents sont conçus pour garantir que, dans la plupart des cas, seuls les hommes et les femmes de caractère peuvent accéder à des postes élevés dans la société.

L'image de soi : notre miroir intérieur. La deuxième partie de notre personnalité est *l'image que nous avons de nous-*

mêmes. Il s'agit de la façon dont nous nous voyons et nous estimons, surtout avant un événement important. Nous avons toujours tendance à nous comporter à l'extérieur en fonction de la façon dont nous nous voyons à l'intérieur. C'est ce qu'on appelle souvent notre « miroir intérieur », dans lequel nous nous regardons avant de nous engager dans un comportement quelconque.

Lorsque nous nous voyons comme une personne calme, positive, sincère et dotée d'une grande force de caractère, nous nous comportons avec plus de force et de potentiel personnel. Les autres personnes nous respectent davantage. Nous nous sentons maîtres de nous-mêmes et de la situation.

Et la bonne nouvelle dans tout cela est que chaque fois que nous nous comportons de manière conforme à nos plus grandes valeurs, l'image que nous avons de nous-mêmes se renforce. Nous nous voyons et pensons à nous de manière plus positive. Nous nous sentons plus heureux et plus confiants. Notre comportement et nos performances extérieures reflètent alors l'image intérieure que nous avons de nous-mêmes, celle de la plus noble personne que nous puissions être.

Les gens ont tendance à nous accepter selon notre propre perception, du moins au début. Si nous nous voyons et pensons que nous sommes une personne remarquable, dotée d'une grande force de caractère, nous traiterons les autres avec courtoisie, grâce et respect. En retour, ils nous considéreront comme une personne d'honneur et de caractère.

L'estime de soi : à quel point nous aimons-nous ? La troisième partie de notre personnalité est *l'estime de soi*. Il s'agit de l'opinion que nous avons de nous-mêmes, de notre centre affectif. Notre estime de soi se définit comme « à quel point nous nous aimons ». Plus nous nous considérons comme une personne de valeur et importante, plus nous sommes positifs et optimistes. Si nous nous considérons vraiment importants et dignes de confiance, nous traiterons les autres comme s'ils l'étaient aussi.

Notre estime de soi est en grande partie déterminée par la cohérence de notre propre image, de notre propre comportement, avec notre propre idéal, et notre vision de la meilleure personne que nous puissions être.

Chaque fois que nous agissons conformément à ce que nous considérons comme étant une excellente personne, notre image de soi s'améliore et notre estime de soi augmente. Nous nous aimons et nous nous respectons davantage. Nous sommes satisfaits de nous et de notre entourage. Plus nous nous aimons, plus nous aimons les autres, et plus ils nous aiment en retour. En agissant avec caractère, en harmonie avec nos plus grandes valeurs, nous propulsons notre vie entière (intérieurement et extérieurement) dans une spirale ascendante. Les choses vont de mieux en mieux pour nous, dans tous les aspects de notre vie.

Nos maîtres à penser ont un impact considérable sur la construction de notre caractère. Plus nous admirons une personne et ses qualités, plus nous nous efforçons - consciemment et inconsciemment - de devenir comme elle. C'est pourquoi la lucidité est si importante.

Toujours se comporter de manière cohérente

Lorsque nous agissons en accord avec nos valeurs, nous nous sentons *bien* dans notre peau. Lorsque nous compromettons nos valeurs, pour quelque raison que ce soit, nous nous sentons *mal* dans notre peau. Lorsque nous compromettons nos valeurs, notre confiance en soi et notre estime de soi diminuent, nous nous sentons mal à l'aise et en situation d'infériorité, nous nous sentons incompétents et gênés. Lorsque nous compromettons nos valeurs, nous sentons au fond de nous que quelque chose ne va pas du tout.

La quasi-totalité des problèmes humains peuvent être résolus par un retour à nos plus grandes valeurs et à nos plus profondes convictions. Lorsqu'on se penche sur le passé, il y a probablement eu des situations dans notre vie où nous avons compromis nos valeurs afin de sauver un investissement, de garder un emploi, de préserver une relation ou d'entretenir une amitié. Dans chaque cas, nous nous sommes sentis de plus en plus mal jusqu'à ce que nous finissions par rompre et nous éloigner de la situation.

Et comment nous sommes-nous sentis quand nous avons eu la force de caractère de nous éloigner ? Nous nous sommes sentis vraiment bien ! Chaque fois que nous utilisons notre volonté et notre force de caractère pour revenir aux valeurs qui nous sont les plus chères, la nature semble nous récompenser par un merveilleux sentiment de bonheur et de plénitude. Nous nous sentons remplis d'énergie et libres. Nous nous demandons pourquoi nous n'avons pas pris cette décision bien avant.

Faire ce qui est juste

Pour former le caractère, qui repose sur l'autodiscipline et la volonté, la réflexion à long terme est essentielle. Plus nous réfléchissons aux conséquences de notre comportement à long terme, plus nous avons de probabilités de faire ce qu'il faut à court terme. Lorsque nous devons faire un choix ou prendre une décision, posons-nous la question suivante : « Qu'est-ce qui est important ici ? »

Nous devons appliquer la maxime universelle d'Emmanuel Kant : « Prenez la résolution d'agir comme si la maxime de votre action devait être érigée par votre volonté en loi universelle de la nature. »

L'une des grandes questions pour le développement du caractère est la suivante : « Que serait ce monde si tout le monde était comme *moi* ? »

Chaque fois que nous dérapons et que nous faisons ou disons quelque chose qui n'est pas en accord avec nos plus grandes valeurs, nous devons immédiatement nous remettre sur la bonne voie. « Nous devons nous dire : « Cela ne me ressemble pas ! » et décider que la prochaine fois, nous ferons mieux.

Ce sur quoi nous nous attardons augmentera

Si nous nous trouvons aujourd'hui dans une situation qui ne correspond pas à nos plus grandes valeurs, nous devons prendre la décision, à cet instant précis, d'affronter la situation et de la redresser. Dès que nous le ferons, nous nous sentirons plus heureux et nous reprendrons le contrôle de la situation.

Une vieille légende indienne dit : « Je porte deux loups sur mes épaules. L'un est un loup noir, mauvais, qui me pousse continuellement à faire et à dire les mauvaises choses. Sur l'autre épaule se trouve un loup blanc qui m'encourage continuellement à donner le meilleur de moi-même. »

Un auditeur demanda au vieil homme : « Lequel de ces loups a le plus de pouvoir sur vous ? »

Le vieil homme répondit : « Celui que je nourris. »

Selon la Loi de la Concentration, tout ce sur quoi nous nous attardons croît et augmente dans notre vie. Lorsque nous pensons et parlons des vertus et des valeurs que nous admirons et respectons le plus, nous imprégnons ces valeurs de plus en plus profondément dans notre subconscient jusqu'à ce qu'elles fonctionnent automatiquement dans chaque situation.

Lorsque nous travaillons notre autodiscipline et notre volonté pour vivre notre vie en accord avec les valeurs pour lesquelles nous aspirons le plus à être connus, nous progressons rapidement sur la voie de l'excellence.

Exercices Pratiques:

Prenez une feuille de papier et écrivez vos réponses aux questions suivantes :

1. Citez trois personnes, vivantes ou décédées, que vous admirez le plus, et décrivez une qualité que vous respectez chez chacune d'elles.

2. Définissez la vertu ou la qualité la plus importante de votre vie que vous vous efforcez le plus de pratiquer ou d'imiter.

3. Déterminez les situations où vous vous sentez le plus confiant, où vous vous sentez comme la meilleure personne que vous puissiez être.

4. Quelles situations vous procurent les plus grands sentiments d'estime de soi et de valeur personnelle ?

5. Si vous étiez déjà une personne excellente à tous égards, que feriez-vous différemment d'aujourd'hui ?

6. Quelle est la qualité à laquelle vous souhaiteriez que l'on pense lorsque votre nom est mentionné, et que pourriez-vous faire pour garantir cela ?

7. Dans quel domaine devriez-vous être plus honnête et faire preuve de plus d'intégrité qu'aujourd'hui ?

Chapitre 3

L'AUTODISCIPLINE ET LA RESPONSABILITÉ

« L'individu qui veut atteindre le sommet dans les affaires doit apprécier la puissance et la force de l'habitude. Il doit très vite rompre avec les habitudes qui peuvent le briser et se dépêcher d'adopter les pratiques qui deviendront les habitudes qui l'aideront à atteindre la réussite qu'il recherche. »

— J. Paul Getty

Notre capacité et notre volonté de se discipliner pour accepter la responsabilité de notre vie sont essentielles au bonheur, à la santé, à la réussite, à l'accomplissement et au leadership personnel. Accepter la responsabilité est l'une des pratiques les plus difficiles, mais sans elle, aucune réussite n'est possible.

Le refus d'accepter la responsabilité et la tentative de rejeter la responsabilité des choses qui nous rendent malheureux sur d'autres personnes, institutions et situations, fausse complètement la relation de cause à effet, sape notre caractère, affaiblit notre détermination et réduit notre humanité.

L'immense révélation qui m'a appris à accepter la responsabilité de mon destin

À 21 ans, je vivais dans un petit appartement et travaillais comme ouvrier du bâtiment. Je me levais à 5 heures du matin pour pouvoir prendre trois bus afin de me rendre au travail et d'y être à 8 heures. Je ne rentrais pas à la maison avant 19 heures, j'étais épuisé par le transport de matériaux de construction toute la journée. Je gagnais juste assez d'argent pour m'en sortir, sans voiture, presque sans économies et avec juste assez de vêtements pour subvenir à mes besoins. Je n'avais ni radio, ni télévision.

C'était en plein milieu d'un hiver froid, avec une température de moins 35 degrés Fahrenheit, si bien que je sortais rarement le soir. Au lieu de cela, je m'asseyais dans mon petit appartement, à ma petite table dans le coin de ma cuisine, et je lisais, lorsque j'avais assez d'énergie.

Un soir, assis seul à table, tard dans la nuit, je me suis soudain rendu compte que « c'était ça ma vie ». Cette vie n'était pas une simulation. Les jeux étaient faits, et je jouais le rôle principal, comme dans une pièce de théâtre.

C'est comme si je venais de recevoir un flash en plein visage. Je me suis regardé, ainsi que mon petit appartement autour de moi, et j'ai réfléchi au fait que je n'avais pas obtenu de diplôme d'études secondaires. Le seul travail pour lequel j'étais qualifié était un travail d'ouvrier. Je gagnais assez d'argent pour payer mes frais de base, mais guère plus. Il me restait très peu d'argent à la fin du mois.

J'ai soudain compris que si je ne changeais pas, rien d'autre ne changerait. Personne d'autre ne le ferait pour moi. En réalité, personne d'autre ne s'en souciait. À cet instant, j'ai compris que j'étais entièrement responsable de mon destin et de tout ce qui m'arrivait. J'étais responsable. Je ne pouvais plus mettre ma situation sur le compte de mon enfance difficile ou des erreurs que j'avais commises dans le passé. J'étais responsable. J'étais à la place du pilote. C'était ma vie, et si je ne faisais pas quelque chose pour la changer, elle continuerait ainsi indéfiniment, par le simple processus d'inertie.

Cette révélation a changé ma vie. Je n'ai plus jamais été le même. À partir de cet instant, j'ai accepté d'être de plus en plus responsable de tout dans ma vie. J'ai accepté la responsabilité de faire mon travail mieux qu'avant, plutôt que de faire le minimum nécessaire pour ne pas être licencié. J'ai accepté d'être responsable de mes finances, de ma santé et, surtout, de mon avenir.

Dès le lendemain, je me suis rendu dans une librairie locale pendant ma pause déjeuner et j'ai acheté des livres contenant des informations, des idées et des leçons qui pourraient m'aider. J'ai consacré ma vie à me perfectionner, à apprendre continuellement de toutes les manières possibles.

Depuis lors, et jusqu'à aujourd'hui, chaque fois que je veux ou dois apprendre quelque chose pour m'aider, je reviens à l'apprentissage continu, à la lecture, à l'écoute de programmes audio et à la participation à des cours, des conférences et des séminaires. J'ai découvert que l'on pouvait apprendre tout ce dont on avait besoin pour atteindre n'importe quel objectif que l'on se fixe.

Avec le temps, j'ai compris que 80 % de la population n'accepte jamais d'assumer l'entière responsabilité de son destin. Ces personnes ne cessent de se plaindre, de critiquer, de trouver des excuses et de rejeter sur les autres la responsabilité de ce qui leur déplaît dans leur vie. Or, les conséquences de cette façon de penser peuvent être désastreuses. Elles peuvent saboter tout espoir de réussite et de bonheur plus tard dans la vie.

De l'enfance à l'âge adulte

En grandissant, nous sommes conditionnés, dès le plus jeune âge, à nous considérer comme non responsables de notre destin. C'est normal et naturel. Quand nous sommes enfants, ce sont nos parents qui commandent. Ils prennent toutes nos décisions. Ils décident de la nourriture que nous mangeons, des vêtements que nous portons, des jouets avec lesquels nous jouons, de la maison dans laquelle nous vivons, de l'école que nous fréquentons et des activités que nous pratiquons pendant notre temps libre. Parce que nous sommes jeunes, innocents et inconscients, nous faisons ce qu'ils veulent. Nous n'avons que peu ou pas de choix ou de contrôle.

En grandissant, nous prenons de plus en plus de décisions personnelles dans chacun de ces contextes. Mais en raison de notre programmation précoce, nous sommes inconsciemment conditionnés à penser que quelqu'un d'autre est encore responsable de notre vie, de notre destin, quelqu'un d'autre qui peut ou doit prendre soin de nous.

La plupart des gens grandissent en croyant que si quelque chose ne va pas, quelqu'un d'autre est responsable, quelqu'un d'autre est à blâmer, quelqu'un d'autre est coupable, quelqu'un d'autre est le méchant et ils sont la victime.

Surmontons les erreurs commises par nos parents

Si nos parents nous critiquaient ou se mettaient en colère contre nous pour des erreurs commises pendant notre enfance, nous pensions inconsciemment que nous étions en faute. Si nos parents nous punissaient physiquement ou émotionnellement pour avoir ou ne pas avoir fait quelque chose qui leur plaisait ou leur déplaisait, nous nous sentions inférieurs et incompétents.

Si nos parents nous privaient de leur affection afin de nous punir lorsque nous ne faisions pas ce qu'ils exigeaient, nous avons peut-être grandi avec de profonds sentiments de culpabilité, d'indignité et de manque de mérite. Tous ces sentiments négatifs ont pu se combiner pour nous donner l'impression d'être une victime et de ne pas être responsable de nous-mêmes ou de notre destin à l'âge adulte.

Si nous avons été élevés dans un environnement familial difficile, le sentiment le plus courant que nous éprouvons à l'âge adulte est celui de « je ne suis pas assez bien ». À cause de ce sentiment, nous nous comparons défavorablement aux autres. Nous pensons que les autres personnes qui semblent être plus heureuses ou plus confiantes sont meilleures que nous. Nous développons des sentiments d'infériorité. Cela peut devenir un piège émotionnel.

L'erreur fatale

Si nous pensons, pour une raison quelconque, que les autres sont *meilleurs* que nous, nous supposons donc inconsciemment que nous sommes *pires* qu'eux. S'ils « valent mieux » que nous, nous supposons que nous « valons moins ». Ce sentiment d'inadéquation ou d'inutilité est à l'origine de la plupart des problèmes de personnalité dans nos vies, et de la plupart des problèmes politiques et sociaux dans notre monde, tant au niveau national qu'international.

Pour échapper à ces sentiments de culpabilité et d'indignité, qui nous ont été inculqués au cours de notre enfance par des critiques destructives, nous nous en prenons au monde, aux autres et aux situations. Dans tous les domaines de notre vie où nous sommes malheureux ou mécontents, notre première réaction est de regarder autour de nous et de nous demander : « Qui est à blâmer ? »

La plupart des religions enseignent le concept de péché, selon lequel, chaque fois que quelque chose va mal, quelqu'un est à blâmer. Quelqu'un est coupable. Quelqu'un doit être puni. Toute cette idée de culpabilité et de punition entraîne des sentiments de colère, de ressentiment et d'irresponsabilité de plus en plus forts.

L'attitude d'irresponsabilité

Nos tribunaux sont aujourd'hui saturés par des milliers de personnes qui demandent réparation et paiement pour un événement qui a mal tourné dans leur vie. Soutenus par des avocats ambitieux, les gens vont au tribunal pour demander une compensation, même s'ils sont totalement responsables de ce qui s'est passé, et *surtout* s'ils sont en faute.

Personne ne veut assumer la responsabilité. Certaines personnes se renversent du café chaud sur elles-mêmes et intentent un procès au fast-food qui leur a vendu le café. D'autres se saoulent, conduisent et sortent de la route, puis attaquent le fabricant de la voiture vieille de quinze ans qu'ils conduisaient. D'autres encore montent sur un escabeau, se penchent trop et tombent au sol. Ils poursuivent alors le fabricant de l'échelle pour leur blessure. Dans tous les cas, ces personnes tentent d'échapper à la responsabilité de leur propre comportement en rejetant la faute sur quelqu'un d'autre et en demandant une indemnisation.

Supprimer les émotions négatives

Tous les êtres humains ont pour dénominateur commun le désir d'être heureux. Dans sa plus simple expression, le bonheur naît de l'absence d'émotions négatives. Là où les émotions négatives n'existent pas, il n'y a que des émotions positives. La suppression des émotions négatives est donc la grande entreprise de la vie, si l'on souhaite vraiment être heureux.

Il existe des dizaines d'émotions négatives. Les plus courantes sont la culpabilité, le ressentiment, l'envie, la jalousie, la peur et une certaine forme d'hostilité. Mais au final, toutes les émotions négatives se résument à un sentiment de colère, qu'il soit intérieur ou extérieur.

La colère s'exprime intérieurement lorsqu'on la refoule au lieu de l'exprimer aux autres. La colère s'exprime extérieurement lorsqu'on critique ou qu'on attaque d'autres personnes.

Les maladies psychosomatiques

La colère est la principale source de maladies *psychosomatiques*. Cela se produit lorsque l'esprit (*psycho*) rend le corps (*soma*) malade. Les émotions négatives, exprimées sous forme de colère, affaiblissent notre système immunitaire et nous rendent sensibles aux rhumes, à la grippe et à d'autres maladies. Les explosions de colère incontrôlées peuvent même provoquer des crises cardiaques, des accidents vasculaires cérébraux et des dépressions nerveuses.

Quelle est la grande découverte ? Toutes les émotions négatives, surtout la colère, existent car nous *blâmons* quelqu'un ou quelque chose d'autre pour un événement de notre vie qui ne nous satisfait pas.

Il faut beaucoup d'autodiscipline pour s'abstenir de rendre les autres responsables de nos problèmes.

Il faut une grande autodiscipline pour accepter la responsabilité totale de tout ce que l'on est, de tout ce que l'on devient et de tout ce qui nous arrive.

Il faut une extraordinaire autodiscipline pour maîtriser totalement son esprit conscient et choisir délibérément d'avoir des pensées positives, constructives, qui améliorent sa vie, la qualité de ses relations et de ses performances.

Le blâme est facile

En suivant la voie de moindre résistance, le comportement le plus simple et le plus abrutissant est de s'en prendre à quelqu'un d'autre chaque fois que quelque chose ne va pas, quelle qu'en soit la raison.

Les personnes qui prennent l'habitude de blâmer automatiquement se mettent souvent en colère contre les *objets*. Blâmer des objets inanimés lorsqu'ils ne fonctionnent pas comme prévus est tellement stupide que cela en devient presque une forme légère de folie.

Les gens se mettent en colère contre les portes qui se bloquent. Ils jurent contre leurs outils lorsqu'ils font une erreur. Ils s'énervent lorsque leur voiture ne démarre pas. Même s'il s'agit d'un objet inanimé, s'il ne fonctionne pas parfaitement, la chose est forcément à blâmer. Les gens donnent souvent des coups de pied à une voiture contre laquelle ils sont en colère ou à une boîte sur laquelle ils ont trébuché.

L'antidote aux émotions négatives

Le moyen le plus rapide et le plus efficace pour supprimer les émotions négatives est de dire immédiatement : « Je suis responsable ! » Chaque fois que survient un événement qui déclenche la colère ou une réaction négative de quelque nature que ce soit, il faut rapidement neutraliser les sentiments de négativité en disant « Je suis responsable »

La loi de substitution affirme que l'on peut substituer une pensée positive à une pensée négative. Comme notre esprit ne peut contenir qu'une seule pensée à la fois, lorsque nous choisissons délibérément la pensée positive « Je suis responsable », nous annulons toute autre pensée ou émotion à ce moment-là.

Il est impossible d'accepter la responsabilité et de rester en colère en même temps. Il est impossible d'accepter la responsabilité et de ressentir des émotions négatives. Il est impossible d'accepter la responsabilité sans redevenir calme, lucide, positif et concentré. Tant que nous blâmons quelqu'un d'autre pour quelque chose dans notre vie que nous n'aimons pas, nous restons « mentalement enfants ». Nous nous voyons toujours comme un petit être sans défense, comme une victime. Lorsque nous acceptons la responsabilité de tout ce qui nous arrive, nous devenons « mentalement adultes ». Nous nous sentons responsables de notre propre vie, de notre destin. Il faut se rappeler : « Je ne suis pas une victime ! »

Dans le cadre des Alcooliques Anonymes, les personnes qui ont des problèmes d'alcoolisme se réunissent avec d'autres personnes qui vivent la même situation. Ils ont découvert que tant que la personne n'accepte pas la responsabilité de ses problèmes, que ce soit avec l'alcool ou dans d'autres domaines de la vie, aucun progrès n'est possible. Mais une fois que la personne a accepté ses responsabilités, tout est possible. C'est le cas dans presque toutes les situations difficiles de la vie où l'on projette son malheur sur une autre personne ou sur des facteurs extérieurs à soi.

L'argent et les émotions

Nombre de nos plus gros problèmes et préoccupations dans la vie concerne l'argent : le gagner, le dépenser, l'investir, et surtout le perdre. Nombre de nos émotions négatives est associé à l'argent d'une manière ou d'une autre. Mais le fait est que nous sommes responsables de notre vie financière. Nous faisons les choix et prenons les décisions. Nous sommes responsables. Nous ne pouvons pas rejeter la responsabilité de nos problèmes ou de notre situation financière sur d'autres personnes. Nous sommes aux commandes.

Ce n'est que lorsque nous acceptons la responsabilité de nos revenus (qui a choisi d'accepter l'emploi que nous occupons ?), de nos factures (qui a dépensé l'argent qui nous a endettés ?) et de nos investissements (qui a pris ces décisions ?) que nous passons du statut de « financièrement enfant » à celui « financièrement adulte ».

Responsabilité et contrôle

Il existe un lien direct entre l'acceptation des responsabilités et le degré de contrôle personnel que l'on estime avoir sur son destin. Plus nous acceptons de responsabilités, plus nous avons le sentiment de contrôler notre vie.

Il existe également un rapport direct entre le degré de contrôle que l'on estime avoir et le degré de positivité que l'on ressent. Plus nous avons l'impression d'avoir un « sentiment de contrôle » élevé dans les domaines importants de notre vie, plus nous sommes positifs et heureux dans tout ce que nous faisons.

Lorsque nous acceptons la responsabilité, nous nous sentons forts, puissants et déterminés. Nous supprimons les émotions négatives qui nous privent de bonheur et de satisfaction.

Dans toutes les situations, l'antidote aux émotions négatives consiste à dire : « Je suis responsable ». Il faut ensuite examiner la situation pour trouver les raisons pour lesquelles nous sommes responsables de ce qui s'est passé ou de ce qui se passe.

Notre intelligence est comme une épée à double tranchant : elle peut couper dans les deux sens. Nous pouvons l'utiliser pour rationaliser, justifier et blâmer les autres pour des choses qui nous déplaisent, ou nous pouvons l'utiliser pour trouver les raisons pour lesquelles nous sommes responsables de ce qui s'est passé, et ensuite prendre des mesures pour résoudre le problème ou la situation.

Même si un accident s'est produit, par exemple si notre voiture a été endommagée dans le parking alors que nous étions au travail, nous ne sommes peut-être pas légalement responsables de l'accident. Mais nous sommes tout de même responsables de nos réactions, de la façon dont nous nous comportons à la suite de ce qui s'est passé.

Jamais se plaindre, jamais expliquer

La marque d'un leader, d'une personne vraiment supérieure, est qu'il ou elle accepte l'entière responsabilité de la situation. Il est impossible d'imaginer un vrai leader qui pleurniche et se plaint au lieu d'agir lorsque des problèmes et des difficultés surviennent.

Ce sens de la « capacité à réagir » est la marque d'une personnalité plus aboutie : nous assumons la responsabilité de notre vie en décidant, à l'avance, de ne pas nous mettre en colère pour quelque chose que nous ne pouvons pas influencer ou changer. Tout comme nous ne nous mettons pas en colère en raison du temps qu'il fait, nous ne nous mettons pas en colère pour des circonstances ou des situations sur lesquelles nous n'avons aucun contrôle.

Surtout, nous ne nous permettons pas d'être en colère et malheureux dans le présent à cause d'expériences ou de situations malheureuses du passé. Nous devons nous dire : « Ce qui ne peut être guéri doit être subi. »

Il est surprenant de constater combien de personnes sont malheureuses aujourd'hui à cause d'un événement passé, même s'il s'est produit des années auparavant. Chaque fois qu'elles pensent à cette expérience négative, elles se mettent en colère ou dépriment à nouveau. Heureusement, nous pouvons à tout moment cesser de penser au passé, d'en discuter et de le ressasser. Nous pouvons le laisser derrière nous et plutôt penser à nos objectifs et à notre avenir sans limites. Comme l'a dit Helen Keller : « Quand on se tourne vers le soleil, les ombres passent derrière nous. »

Maîtrise et contrôle de soi

Toute autodiscipline, maîtrise de soi et contrôle de soi commence par la prise en charge de ses *émotions*. Nous prenons en charge nos émotions en acceptant d'être à 100 % responsables de nous-mêmes et de tout ce qui nous arrive. Nous refusons de chercher des excuses, de nous plaindre, de critiquer ou de blâmer les autres pour quoi que ce soit. Au lieu de cela, nous devons nous dire : « Je suis responsable », puis agir.

L'action est le seul antidote

Le seul véritable antidote à la colère ou à l'inquiétude est l'action volontaire pour atteindre ses objectifs, qui est le sujet du prochain chapitre. Avant d'aborder ce sujet, nous devons prendre la décision aujourd'hui de contrôler entièrement nos pensées, nos sentiments et nos actions, et de nous occuper des choses qui sont importantes pour nous, de telle sorte que nous n'ayons pas le temps de penser à des émotions négatives ou de les exprimer à l'égard de quiconque, pour quelque raison que ce soit.

Lorsque nous exerçons notre autodiscipline et notre volonté en acceptant la responsabilité de notre vie, nous prenons le contrôle total de nos pensées et de nos sentiments, et nous devenons une personne beaucoup plus efficace, heureuse et positive dans tout ce que nous entreprenons.

Exercices Pratiques:

1. Prenez la décision aujourd'hui d'accepter la responsabilité à 100 % de tout ce que vous êtes et de tout ce que vous devenez. Ne vous plaignez pas, n'expliquez pas.

2. Fouillez dans votre passé et choisissez une personne ou un incident qui vous rend malheureux aujourd'hui encore. Au lieu de justifier vos sentiments négatifs, cherchez les raisons pour lesquelles *vous* êtes en partie responsable de ce qui s'est passé.

3. Sélectionnez une relation dans votre passé qui vous a rendu malheureux et donnez trois raisons pour lesquelles *vous* êtes responsable de ce qui s'est passé.

4. Choisissez une personne de votre passé avec laquelle vous êtes encore en colère et prenez la décision de lui pardonner complètement ce qui s'est passé. Cet acte vous libérera émotionnellement.

5. Acceptez l'entière responsabilité de votre situation financière et refusez de rejeter vos problèmes financiers sur quelqu'un d'autre. Maintenant, quelles mesures allez-vous prendre pour remédier à cette situation ?

6. Acceptez la pleine responsabilité d'une situation familiale, avec chaque personne, et prenez des mesures immédiates pour améliorer vos relations là où il y a des problèmes.

7. Acceptez d'être entièrement responsable de votre santé : décidez aujourd'hui de faire, ou d'arrêter de faire, tout ce qui est nécessaire pour jouir d'une excellente santé.

Chapitre 4

L'AUTODISCIPLINE ET LES OBJECTIFS

« La discipline est le pont entre les objectifs et les réalisations. »

— Jim Rohn

Notre capacité à nous discipliner pour nous fixer des objectifs clairs, puis à travailler chaque jour pour les atteindre, contribuera davantage à garantir notre réussite que tout autre critère. Il faut avoir des objectifs pour accomplir des choses significatives dans la vie. Nous avons sûrement déjà tous entendu dire :

« On ne peut pas atteindre une cible qu'on ne voit pas. »

« Si tu ne sais pas où tu vas, n'importe quelle route t'y mènera. »

Et comme Wayne Gretsky disait : « On manque tous les tirs qu'on ne fait pas. »

Le simple fait de prendre le temps de décider de ce que l'on veut vraiment dans chaque domaine de sa vie peut totalement la transformer.

Le facteur 3 %

Il semble que seuls 3 % des adultes aient des objectifs et des projets écrits, et *ils gagnent plus que les 97 % restants réunis.*

Pourquoi ? La réponse la plus simple est que, si l'on a un objectif clair et un projet pour l'atteindre, c'est comme si nous avions une piste sur laquelle courir chaque jour. Au lieu de nous égarer dans des distractions, de nous perdre ou de nous éloigner du droit chemin, nous passons de plus en plus de temps à aller directement de là où nous sommes jusqu'où nous voulons aller. Voilà pourquoi les personnes qui ont des objectifs accomplissent tellement plus que celles qui n'en ont pas.

Le problème est que la plupart des gens pensent qu'ils ont déjà des objectifs. Mais ce qu'ils ont vraiment, ce sont des *espoirs* et des *souhaits*. Mais l'espoir n'est pas une stratégie de réussite, et un souhait a été défini comme un « objectif sans énergie pour le soutenir. »

Les objectifs qui ne sont pas écrits et transformés en projets sont comme des munitions sans poudre. Les personnes qui ont des objectifs non écrits passent leur vie à tirer à blanc. Comme ils pensent avoir des objectifs, ils ne s'engagent jamais dans l'effort difficile et discipliné de se fixer des objectifs, qui est la compétence clé de la réussite.

Multiplier ses chances de réussite

Il y a quelques années, *USA Today* a fait état d'une étude dans laquelle les chercheurs ont d'abord sélectionné des personnes qui avaient pris des résolutions pour la nouvelle année. Ils ont ensuite divisé ces personnes en deux catégories : celles qui avaient pris des résolutions pour la nouvelle année et les avaient écrites, et celles qui avaient pris des résolutions pour la nouvelle année mais sans les écrire.

Douze mois plus tard, ils ont effectué un suivi des personnes interrogées dans le cadre de cette étude, et leurs conclusions ont été étonnantes. Parmi les personnes qui avaient pris des résolutions pour la nouvelle année mais *ne les avaient pas* écrites, *seuls 4 %* les avaient effectivement suivies. En revanche, *44 % des personnes qui avaient* mis par écrit leurs résolutions de la nouvelle année (un exercice ne nécessitant que quelques minutes) *les avaient mises à exécution*. Il s'agit d'une différence de plus de 1 100 % de réussite, par le simple fait de matérialiser les résolutions ou les objectifs sur papier.

La pratique de l'écriture

Selon ma propre expérience, acquise en travaillant avec plusieurs millions de personnes au cours des 25 dernières années, la pratique consistant à écrire des objectifs, à établir des projets pour les atteindre et à travailler quotidiennement sur ces objectifs multiplie par 10, ou par 1 000 %, les chances de les atteindre.

Cela ne signifie pas que le fait d'écrire ses objectifs *garantit* le succès, mais simplement que cela multiplie par dix la *probabilité de réussite*. Il s'agit là de très bonnes chances de réussite, d'autant plus qu'il n'y a aucun coût, ni risque à mettre par écrit - cela prend juste un peu de temps.

L'écriture est qualifiée « d'activité psycho-neuro-motrice ». L'acte d'écrire nous oblige à réfléchir et à nous concentrer. Elle nous oblige à choisir ce qui est le plus important pour nous et notre avenir. Par conséquent, lorsque nous écrivons un objectif, nous l'imprimons dans notre subconscient, qui se met alors au travail 24 heures sur 24 pour concrétiser cet objectif.

Parfois, je dis aux participants de mes séminaires : « Seuls 3 % des adultes ont des objectifs écrits, et tous les autres travaillent pour ces personnes. » Dans la vie, soit l'on travaille pour atteindre ses propres objectifs, soit l'on travaille pour atteindre les objectifs de quelqu'un d'autre. Qu'allez-vous choisir ?

Les mécanismes de réussite face aux échecs

Notre cerveau possède à la fois un mécanisme de réussite et un mécanisme d'échec. Le mécanisme d'échec est la tentation de suivre la voie indisciplinée de la facilité, de faire ce qui est amusant et facile plutôt que ce qui est difficile et nécessaire. Ce mécanisme d'échec fonctionne automatiquement tout au long de notre vie. C'est la cause principale de l'incapacité de la plupart des gens à réaliser leur plein potentiel.

Alors que notre mécanisme d'échec fonctionne automatiquement, notre mécanisme de réussite est activé par un objectif. Lorsque nous décidons d'un objectif, nous neutralisons notre mécanisme d'échec et nous changeons le cours de notre vie. Nous passons du statut de navire sans gouvernail, dérivant avec la marée, à celui de navire avec un gouvernail, une boussole et une destination claire, naviguant en ligne droite vers notre objectif.

Le pouvoir des objectifs

Un de mes clients m'a récemment raconté une histoire intéressante. Il m'a confié qu'il avait assisté à l'un de mes séminaires en 1994, où j'avais parlé de l'importance de mettre par écrit ses objectifs et de faire des projets pour les atteindre. À l'époque, il avait 35 ans, vendait des voitures pour un concessionnaire de Nashville et gagnait environ 50 000 $ par an.

Il m'a dit que cette journée avait changé sa vie. Il a commencé à écrire ses objectifs et ses projets et à y travailler quotidiennement. Douze ans plus tard, il gagnait plus d'un million de dollars par an et était le président d'une entreprise en pleine croissance qui vend des services à certaines des plus grandes entreprises du pays. Il m'a dit qu'il ne pouvait pas imaginer ce qu'aurait été sa vie s'il n'avait pas pris une feuille de papier et écrit les objectifs qu'il souhaitait atteindre les années suivantes.

Prendre sa vie en main

Aristote a écrit que les êtres humains sont des êtres *téléologiques*, ce qui signifie simplement que nous sommes *guidés par un but*. De ce fait, on ne se sent heureux et maître de sa vie que si l'on a un objectif clair que l'on s'efforce d'atteindre chaque jour. Cette capacité à se fixer des objectifs pour la vie est l'une des pratiques les plus importantes que l'on puisse acquérir.

Dans la nature, le pigeon voyageur est un oiseau surprenant. Il possède un instinct étrange qui lui permet de retourner à son pigeonnier, quelle que soit la distance à parcourir ou la direction à prendre. On peut sortir un pigeon voyageur de son pigeonnier, le mettre dans une cage, mettre la cage dans une boîte, couvrir la boîte d'une couverture et mettre la boîte couverte à l'arrière d'une camionnette. On peut ensuite parcourir 1 000 km dans n'importe quelle direction, ouvrir la camionnette, sortir la boîte, enlever la couverture, ouvrir la cage et lancer le pigeon voyageur en l'air.

Le pigeon voyageur effectuera alors trois vols circulaires, se repérera et retournera directement à son pigeonnier. C'est la seule créature sur terre à posséder cette capacité - excepté les êtres humains, excepté *nous*.

Nous possédons également cette remarquable capacité de repérage dans notre propre cerveau, mais avec une différence notable. Le pigeon voyageur semble savoir *d'instinct* où se trouve exactement son pigeonnier. Il a ensuite la capacité de voler directement vers ce dernier. En revanche, lorsque les êtres humains programment un objectif dans leur esprit, ils peuvent alors se mettre en route *sans avoir la moindre idée* de l'endroit où ils vont se diriger, ni de la manière dont ils vont atteindre cet objectif. Mais par miracle, l'homme se dirigera infailliblement vers cet objectif, et l'objectif vers lui.

Et pourtant, de nombreuses personnes hésitent à se fixer des objectifs. Ils disent : « Je veux être financièrement indépendant, mais je n'ai aucune idée de la façon dont je vais y parvenir. » Résultat, ils ne se fixent même pas la réussite financière comme objectif. Heureusement, *nul besoin de savoir comment y parvenir*. Il suffit d'être lucide sur ce que l'on veut accomplir, et le mécanisme de recherche d'objectifs de notre cerveau nous guidera inexorablement vers notre destination.

Par exemple, nous pourrions décider de trouver l'emploi qui nous convient le mieux, en travaillant pour et avec des personnes que nous aimons et respectons, et en faisant un travail à la fois stimulant et agréable. Prenons le temps d'écrire une description exacte de ce à quoi ressemblerait notre emploi et notre lieu de travail idéaux, puis lançons-nous sur le marché du travail.

Après une série d'entretiens, il est fréquent que l'on se présente au bon endroit au bon moment et que l'on se retrouve exactement dans le bon emploi. Presque tout le monde a vécu cette expérience à un moment donné. Nous pouvons la vivre de manière intentionnelle plutôt que par hasard, simplement en développant une lucidité absolue sur ce que nous voulons vraiment.

La méthode en 7 étapes pour atteindre ses objectifs

Il existe 7 étapes simples à suivre pour fixer et atteindre ses objectifs plus rapidement. Il y a des méthodologies plus complexes et plus détaillées pour atteindre ses objectifs, mais cette méthode en 7 étapes permettra d'accomplir 10 fois plus que jamais auparavant, et bien plus rapidement que nous ne puissions imaginer aujourd'hui.

Étape 1 : décider *exactement* ce que l'on veut. Il faut être précis. Si nous voulons augmenter nos revenus, nous devons décider d'une somme d'argent précise plutôt que de simplement « gagner plus d'argent. »

Étape 2 : écrire. Un objectif qui n'est pas écrit est comme la fumée, il s'éloigne et disparaît. Il est immatériel et sans intérêt. Il n'a aucune force, aucun effet, ni aucun pouvoir. Mais un objectif écrit devient quelque chose que l'on peut toucher, lire et modifier si nécessaire.

Étape 3 : fixer une date limite pour atteindre notre objectif. Choisir une durée raisonnable et noter la date à laquelle nous voulons l'atteindre. S'il s'agit d'un objectif suffisamment important, fixer une échéance finale, puis des échéances secondaires ou des étapes intermédiaires entre notre situation actuelle et celle que l'on souhaite atteindre à l'avenir.

Une date limite sert de « système de forçage » dans notre cerveau. Tout comme nous obtenons souvent plus de résultats lorsque nous sommes soumis à la pression d'une date limite spécifique, notre subconscient travaille plus rapidement et plus efficacement lorsque nous avons décidé d'atteindre un objectif à une date précise.

La règle est la suivante : « Il n'y a pas d'objectifs irréalistes, il n'y a que des délais irréalistes. »

Que faire si l'on n'atteint pas son objectif à la date prévue ? C'est simple. Nous fixons un autre délai. Un délai n'est qu'une « estimation ». Parfois, nous atteindrons notre objectif avant la date limite, parfois à la date limite, et parfois après la date limite.

Lorsque nous fixons notre objectif, nous le faisons dans le cadre d'un certain nombre de circonstances externes. Mais ces circonstances peuvent changer, nous amenant à modifier notre échéance en conséquence.

Étape 4 : établir une liste de *tout* ce que l'on peut envisager devoir faire pour atteindre son objectif. Comme le disait

Henry Ford, « Le plus grand des objectifs peut être atteint si on le décompose en suffisamment de petites étapes. »

- Établir une liste des obstacles et des difficultés que nous devrons surmonter, tant à l'extérieur qu'à l'intérieur, pour atteindre notre objectif.

- Établir une liste des connaissances et des compétences supplémentaires dont nous aurons besoin pour atteindre notre objectif.

- Établir une liste des personnes dont nous aurons besoin pour atteindre notre objectif.

- Établir une liste de tout ce que nous pensons devoir faire, puis ajouter à cette liste, au fur et à mesure, les nouvelles tâches et responsabilités qui nous viennent à l'esprit. Continuer à écrire jusqu'à ce que notre liste soit complète.

Étape 5 : classer sa liste par ordre et par priorité. Une liste d'activités classées par *ordre* de priorité permet de déterminer ce que l'on doit faire en premier, ce que l'on doit faire en second et ce que l'on doit faire plus tard. En outre, une liste organisée par *priorité* nous permet de déterminer ce qui est le plus important et ce qui l'est moins.

Parfois, ordre et priorité sont identiques, mais souvent ils ne le sont pas. Par exemple, si nous voulons créer un type spécifique d'entreprise, le premier élément dans l'ordre peut être l'achat d'un livre ou l'inscription à un cours sur ce type d'entreprise.

Mais le plus important est la capacité à développer un plan d'affaires, basé sur une étude de marché complète, que l'on peut utiliser pour rassembler les ressources nécessaires et démarrer réellement l'entreprise que l'on a en tête.

Étape 6 : mettre son projet *immédiatement* à exécution. Il faut faire le premier pas, ensuite le deuxième et le troisième. Il faut agir rapidement, être actif, ne pas tarder. N'oublions pas : la procrastination n'est pas seulement la voleuse de temps, c'est aussi la voleuse de vie.

Dans la vie, la différence entre les réussites et les échecs est simplement que les gens qui réussissent font le premier pas. Ils sont tournés vers l'action. Comme ils le disent dans Star Trek, ils « vont vaillamment là où aucun homme n'est jamais allé auparavant ». Ils sont prêts à agir sans garantie de réussite. Ils sont prêts à affronter l'échec et la déception, mais sont toujours prêts à agir.

Étape 7 : faire *chaque jour* quelque chose qui nous rapproche de notre objectif principal. C'est l'étape clé qui garantira la réussite : entreprenons quelque chose, tous les jours, 365 jours par an. Faisons *tout* ce qui nous rapproche d'au moins un pas de l'objectif le plus important pour nous à ce moment-là.

Lorsque l'on fait chaque jour quelque chose qui nous rapproche de notre objectif, nous développons une *dynamique*. Cette dynamique, ce sentiment d'aller de l'avant, nous motive, nous inspire et nous donne de l'énergie. À mesure que l'on prend de l'élan, il devient de plus en plus facile de se rapprocher de son objectif.

En un rien de temps, nous aurons acquis la discipline de fixer et d'atteindre nos objectifs. Cela deviendra bientôt facile et automatique. Nous aurons bientôt l'habitude et la rigueur de travailler sans cesse à la réalisation de nos objectifs.

L'exercice des 10 objectifs

C'est l'une des méthodes les plus puissantes que j'aie jamais découvertes pour atteindre ses objectifs. Je l'enseigne dans le monde entier et je la pratique moi-même presque tous les jours.

Prendre une feuille de papier. Écrire le mot « Objectifs » en haut de la page, et la date du jour. Ensuite, il faut se discipliner pour écrire 10 objectifs que l'on aimerait atteindre dans les 12 prochains mois. Noter les objectifs financiers, familiaux, de condition physique et de biens personnels, comme une maison ou une voiture.

Pour l'instant, ne nous préoccupons pas de savoir comment nous allons atteindre ces objectifs. Il suffit de les écrire aussi rapidement que possible. On peut écrire jusqu'à 15 objectifs si on le souhaite, mais cet exercice exige d'écrire un minimum de 10 objectifs en 3-5 minutes.

Choisir un objectif

Une fois que l'on a rédigé ses dix objectifs, il convient d'imaginer pour le moment que l'on puisse les atteindre tous, si cela fait suffisamment longtemps qu'on y tient. Mais imaginons aussi que l'on dispose d'une « baguette magique » que l'on peut agiter et qui permet d'atteindre n'importe lequel de ces objectifs en 24 heures.

Si nous pouvions atteindre l'un de nos objectifs en 24 heures, lequel aurait le *plus grand impact positif* sur notre vie actuelle ? Quel objectif changerait ou améliorerait notre vie plus que tout autre ? Quel objectif, si nous le réalisions, nous aiderait à atteindre davantage nos autres objectifs ?

Quelle que soit la réponse à cette question, entourons cet objectif et écrivons-le en haut d'une feuille de papier vierge. Cet objectif devient alors notre « objectif principal défini ». Il devient notre axe central et le principe d'organisation de nos activités futures.

Faire un projet

Une fois que l'on a rédigé cet objectif de façon claire et précise, et que nous l'avons rendu tangible, il nous faut fixer une date limite à cet objectif. Notre subconscient a besoin d'une date limite pour pouvoir se concentrer sur la réalisation de l'objectif.

Nous devons établir une liste de tout ce que l'on pense pouvoir faire pour atteindre notre objectif, puis organiser cette liste par ordre et par priorité.

Nous devons choisir la prochaine étape importante ou logique de notre projet et la concrétiser rapidement. Faisons le premier pas. Faisons *quelque chose*. Faisons *tout ce qu'il faut*.

Prenons la décision de travailler sur cet objectif chaque jour jusqu'à ce qu'il soit atteint. À partir de ce moment-là, « l'échec n'est pas acceptable ». Une fois que nous avons décidé que cet unique objectif peut avoir le plus grand impact positif sur notre vie, et que nous l'avons défini comme notre objectif principal, nous devons nous résoudre à y travailler aussi ardemment que possible, aussi longtemps que nous le pouvons, et à ne jamais abandonner jusqu'à ce que nous l'ayons atteint. Cette seule décision peut changer notre vie.

Utiliser le « Mindstorming » pour se lancer

Voici une autre technique que nous pouvons utiliser pour considérablement améliorer nos chances d'atteindre notre objectif le plus important. C'est la technique de pensée créative la plus puissante que j'aie jamais vue. Plus de personnes sont devenues riches en utilisant cette méthode que par n'importe quel autre moyen.

Il s'agit de prendre une feuille de papier vierge, puis d'écrire notre objectif principal défini en haut de la page sous la forme d'une *question*. Ensuite, il faut écrire un minimum de 20 réponses à cette question.

Par exemple, si l'objectif est de gagner une certaine somme d'argent à une certaine date, nous écrirons la question comme suit : « Comment puis-je gagner XXX € à cette date précise ? »

Ensuite nous devons nous discipliner pour générer 20 réponses à notre question. Cet exercice de « mindstorming » va activer notre esprit, libérer notre créativité et nous donner des idées auxquelles nous n'aurions jamais pensé auparavant.

Les 3 à 5 premières réponses seront faciles. Les 5 réponses suivantes seront difficiles, et les 10 dernières réponses seront bien plus difficiles que l'on puisse imaginer, en tout cas la première fois que l'on fait cet exercice. Toutefois, nous devons faire preuve de discipline et de volonté pour persister jusqu'à ce que nous ayons noté au moins 20 réponses.

Une fois que nous avons généré 20 réponses, examinons notre liste et sélectionnons l'une d'entre elles pour la mettre en pratique immédiatement. En effet, lorsque nous agissons sur une seule idée de notre liste, cela déclenche d'autres idées et nous incite à agir sur un plus grand nombre de ces réponses.

La Grande Loi de Cause à Effet

La principale application de la Loi de Cause à Effet est que « les pensées sont des causes, et les conditions des effets. »

Nos pensées créent les conditions de notre vie. Lorsque nous changeons nos pensées, nous changeons notre vie. Notre monde extérieur devient le reflet de notre monde intérieur.

La plus grande découverte de l'histoire de la pensée est peut-être la suivante : « Nous devenons ce que nous pensons la plupart du temps. » Le professeur John Boyle a dit « Tout ce à quoi nous pouvons penser continuellement, nous pouvons l'avoir. »

Napoleon Hill, auteur de *Think and Grow Rich* (Réfléchissez et devenez riche), publié pour la première fois en 1939 et qui se vend encore aujourd'hui, a déclaré : « Tout ce que l'esprit de l'homme peut concevoir et croire, il peut l'accomplir. »

Lorsque nous pensons continuellement à notre objectif et que nous y travaillons chaque jour, nous mobilisons de plus en plus nos ressources mentales pour nous rapprocher de cet objectif, et pour que cet objectif se rapproche de nous.

Se discipliner pour mettre en place des objectifs quotidiens fera de nous une personne puissante, déterminée et irrésistible. Nous renforcerons notre estime de soi, notre confiance en nous et notre amour-propre. En sentant que nous progressons toujours plus vite vers nos objectifs, nous devenons imparables.

Dans le prochain chapitre, j'expliquerai comment l'utilisation de l'autodiscipline pour développer l'excellence personnelle est la mesure la plus puissante que l'on puisse prendre pour atteindre tous ses objectifs, que ce soit matériels ou émotionnels.

Exercices Pratiques:

1. Prenez dès aujourd'hui la décision de « mettre en marche » votre mécanisme de réussite et de débloquer votre mécanisme de réalisation d'objectifs en décidant exactement ce que vous voulez vraiment dans la vie.

2. Faites une liste de 10 objectifs que vous voulez atteindre dans un avenir prévisible, écrivez-les au présent, comme si vous les aviez déjà atteints.

3. Choisissez l'objectif qui pourrait avoir le plus grand impact positif sur votre vie si vous l'atteigniez, et écrivez-le en haut d'une feuille de papier.

4. Rédigez une liste de tout ce que vous pouvez faire pour atteindre cet objectif, organisez-la par ordre et par priorité, puis passez immédiatement à l'action.

5. Entraînez-vous au mindstorming en écrivant 20 idées qui pourraient vous aider à atteindre votre objectif le plus important, puis mettez en pratique au moins une de ces idées.

6. Prenez la décision de faire quelque chose tous les jours pour atteindre votre objectif le plus important, 7 jours sur 7, jusqu'à ce que vous réussissiez.

7. Rappelez-vous constamment que « l'échec n'est pas acceptable », quoi qu'il arrive, prenez la décision de persister jusqu'à ce que vous réussissiez.

Chapitre 5

L'AUTODISCIPLINE ET L'EXCELLENCE PERSONNELLE

« Nous sommes ce que nous faisons de manière répétée, l'excellence n'est donc pas une action mais une habitude. »

— Aristote

Nous sommes notre meilleur atout. Notre vie, notre potentiel et nos capacités sont les choses les plus précieuses que nous possédons. Notre plus grand objectif dans la vie devrait être de réaliser ce potentiel et de devenir tout ce que nous sommes en mesure de devenir.

Notre capacité à apprendre, à grandir et à réaliser notre plein potentiel est illimitée. Aujourd'hui, certains obtiennent leur diplôme d'études secondaires et universitaires à 70 ans, apprenant de nouvelles matières et développant de nouvelles compétences. Notre capacité d'apprentissage et de mémorisation peut se poursuivre toute notre vie, si nous maintenons notre cerveau en éveil et le faisons fonctionner de manière optimale.

Notre capital financier par excellence est notre *aptitude à gagner de l'argent*. Notre capacité de travail est notre principale source d'argent tout au long de notre vie. Nous pouvons perdre notre maison, notre voiture, notre compte bancaire et tout ce que nous possédons, mais tant que nous avons notre faculté de gagner de l'argent, nous pouvons tout récupérer - et plus encore - dans les mois et les années suivants.

Notre principal investissement

La plupart des gens ne s'en rendent pas compte, ils tiennent leur capacité de gain pour acquis, mais il nous aura fallu toute notre vie pour améliorer notre capacité à gagner notre vie. Chaque partie de notre enseignement, de notre expérience et du travail acharné que nous avons investi dans l'apprentissage de notre métier et le perfectionnement de nos compétences a servi à constituer cet actif.

Notre capacité de gain est comparable à un muscle. Elle peut augmenter en puissance d'année en année, grâce à un exercice régulier. L'inverse est également vrai : si elle est laissée pour compte ou ignorée, notre capacité de gain, comme nos muscles, peut s'affaiblir ou même diminuer faute de l'avoir régulièrement entretenue.

Autrement dit, notre capacité de gain peut être soit un actif qui *s'apprécie*, soit un actif qui se *déprécie*. Un actif qui s'apprécie est quelque chose dont la valeur et le flux de trésorerie augmentent chaque année grâce à des investissements et des améliorations constants. Un actif qui se déprécie, en revanche, perd de sa valeur au fil du temps et finit par être « amorti », c'est-à-dire qu'il n'a plus de valeur ou presque. Le choix nous appartient de savoir si nous avons un actif qui s'apprécie ou qui se déprécie.

Le PDG, c'est nous

Nous devons nous considérer comme le PDG de notre propre « entreprise de services personnels ». Imaginons que nous voulions introduire notre entreprise sur le marché boursier. Conseillerions-nous celle-ci comme une action de *croissance*, augmentant continuellement sa valeur et sa capacité de gain chaque année ?

Ou bien décririons-nous notre société comme une entreprise qui s'est stabilisée sur le marché, qui ne progresse pas vraiment en termes d'augmentation de la valeur et des revenus ? Pourrions-nous recommander les actions de « Nous, Inc. » comme un excellent investissement ? Pourquoi ? Pourquoi pas ?

Ce qui nous a menés ici ne nous mènera pas là-bas

Certains perdent en fait de la valeur chaque année, et voient leur capacité de gain diminuer, parce qu'ils ne mettent pas continuellement à jour leurs connaissances et leurs compétences. Ils ne réalisent pas que les connaissances et les compétences qu'ils possèdent aujourd'hui deviennent rapidement obsolètes. Elles sont remplacées par de nouvelles connaissances et compétences qui, si on ne les possède pas et que quelqu'un d'autre les possède, risquent d'être dépassées par la concurrence.

Intégrons le Top 20 %

Dans le premier chapitre, j'ai évoqué la règle des 80/20 qui s'applique aux revenus : les 20 % de personnes les plus riches de notre société gagnent et contrôlent 80 % des actifs. Selon *Forbes, Fortune, Business Week*, le *Wall Street Journal* et l'IRS, on estime que les 1 % d'Américains les plus riches contrôlent jusqu'à 33 % des actifs.

La découverte la plus intéressante en matière d'inégalité de revenus est que la plupart des millionnaires, multimillionnaires et milliardaires américains sont de la *première* génération. Ils ont donc commencé avec peu ou rien et ont gagné tout leur argent en une seule vie.

Aux États-Unis, il existe un niveau élevé de mobilité des revenus, des plus bas niveaux aux plus hauts niveaux de revenus. Presque tous ceux qui font partie des 20 % les plus riches aujourd'hui ont commencé dans les 20 % les plus pauvres. Ils ont ensuite entrepris de faire autrement avec leur temps et leur vie, et se sont placés directement sur la trajectoire ascendante de la vie financière.

Notre potentiel n'est pas limité

L'augmentation moyenne des revenus aux États-Unis est d'environ 3 % par an, soit à peu près le même taux que l'inflation et l'augmentation du coût de la vie. Les personnes dont le revenu augmente de 3 % par an ont rarement une longueur d'avance. Ils ont juste un emploi qui leur permet de vivre simplement.

Mais en réalité, personne n'est meilleur que nous, et personne n'est plus intelligent que nous. Si quelqu'un fait mieux que nous aujourd'hui, c'est simplement la preuve qu'il a appris comment la loi de cause à effet s'applique à son travail, et qu'il a commencé à faire les choses que les autres personnes qui réussissent on fait avant nous. Pour appliquer la loi de cause à effet à sa propre vie, il faut « apprendre et faire. »

Atteindre son plein potentiel est une décision que l'on prend - ou que l'on ne prend pas. Mais si nous ne nous engageons pas à rechercher l'excellence dans le domaine que nous avons choisi, nous nous contentons automatiquement de résultats moyens, voire médiocres. Personne ne devient excellent par hasard, ou en allant travailler chaque jour. L'excellence exige une décision ferme et un engagement à vie.

Les clés du XXIe siècle

Les connaissances et les compétences sont les clés du 21e siècle. Pour devenir la meilleure personne possible et se hisser au sommet dans son secteur, il faut faire preuve d'autodiscipline tout au long de sa vie. La condition mentale est comme la condition physique. Si nous voulons atteindre l'une ou l'autre, nous devons y travailler toute notre vie. Il ne faut jamais se relâcher. Nous devons continuellement apprendre et progresser, chaque jour, 365 jours par an, tout au long de notre carrière (et dans les autres domaines de notre vie), si nous voulons rejoindre les 20 % les plus performants et y rester. Pour gagner plus, nous devons *apprendre* plus.

Abraham Lincoln a un jour écrit : « Le fait que certains soient devenus riches est la preuve que d'autres peuvent également le faire. »

Ce que les autres ont fait, nous pouvons le faire également, si nous apprenons comment. Tous ceux qui sont au sommet ont un jour été en bas de l'échelle. De nombreuses personnes issues de familles modestes ou pauvres, avec des revenus moyens, qui ont grandi dans des conditions modestes, sont devenus les personnes les plus éminentes dans leur secteur. Et ce que des centaines de milliers, voire des millions d'autres personnes ont fait, nous pouvons le faire aussi. Le philosophe Bertrand Russell a écrit : « La meilleure preuve qu'une chose peut être faite, c'est que quelqu'un d'autre l'a déjà faite. »

D'ordinaire à extraordinaire

Nous voyons très souvent des personnes qui ne semblent pas être aussi intelligentes ou talentueuses que nous, mais qui accomplissent néanmoins des choses remarquables. Il n'y a rien qui puisse être plus rageant que de voir quelqu'un qui semble être plus *bête* que nous faire mieux que nous. Comment est-ce possible ?

La réponse est simple : à un moment donné de leur vie, ils ont compris que la clé de la réussite était la progression personnelle et professionnelle. Ils se sont consacrés à l'apprentissage tout au long de leur vie.

Heureusement, presque toutes les compétences importantes peuvent *s'apprendre*. Toutes les compétences professionnelles peuvent être acquises. Tous ceux qui sont compétents dans un secteur quelconque des affaires ont été, à un moment donné, complètement ignorants dans ce secteur. Toutes les compétences en matière de vente s'apprennent. Tous les meilleurs vendeurs ont été un jour des vendeurs débutants, incapables de passer un appel ou de conclure une vente. Toutes les aptitudes à gagner de l'argent s'apprennent également. Toute personne riche a été un jour pauvre. Nous pouvons apprendre tout ce dont nous avons besoin pour atteindre n'importe quel objectif que nous nous fixons.

Décider

Le point de départ de notre progression vers le sommet pour devenir l'une des personnes les plus compétentes, les plus respectées et les mieux payées dans notre secteur est simple, il faut : *décider !*

Il est dit que tout changement majeur dans notre vie survient lorsque notre esprit se heurte à une nouvelle idée, et que nous décidons de changer les choses. Nous décidons de terminer nos études, de perfectionner nos compétences ou d'entrer dans une bonne université. Nous décidons de créer une nouvelle entreprise. Nous décidons d'accepter un emploi ou de commencer une carrière spécifique. Nous décidons d'investir notre argent d'une certaine manière. Et surtout, nous décidons d'être les meilleurs dans notre secteur.

Bien des gens disent qu'ils aimeraient être *heureux, en bonne santé, minces et riches*. Mais (comme nous l'avons vu au chapitre 4), il ne suffit pas de *souhaiter* et d'*espérer*. Il faut décider fermement et sans équivoque de payer le prix fort et d'aller jusqu'au bout pour atteindre l'objectif que l'on s'est fixé. Nous devons décider et ensuite couper les ponts avec notre mental. À partir de ce moment-là, nous décidons de continuer à travailler sur nous-mêmes et sur notre métier jusqu'à ce que nous soyons dans le top 20 %, voire au-delà.

Suivons les leaders, pas les suiveurs

Lorsque nous décidons de faire partie des meilleurs dans notre secteur, regardons autour de nous et identifions les personnes qui sont déjà au sommet :

- quelles sont les qualités qui leur sont communes ?
- comment planifient-elles et organisent-elles leurs journées ?
- comment s'habillent-elles ?
- comment marchent-elles, parlent-elles et se comportent-elles avec les autres ?
- quels livres lisent-elles ?
- comment occupent-elles leur temps libre ?
- avec qui collaborent-elles ?
- quels cours ont-elles suivis ?
- quels programmes audio écoutent-elles dans leur voiture ?

Ce ne sont là que quelques-unes des questions que nous devrions nous poser, afin de découvrir ce que font les personnes qui réussissent et que nous devrions peut-être aussi faire. Après tout, nous ne pouvons pas atteindre une cible que nous ne pouvons voir.

Notre façon de choisir les bons profils peut avoir un impact énorme sur notre avenir. Le Dr David MacLelland de Harvard, auteur de *The Achieving Society* (La société de la réussite), a conclu que notre choix d'un « cercle de référence » peut influencer jusqu'à 95 % de notre réussite et de nos performances dans la vie. Notre cercle de référence est constitué de personnes qui, selon nous, sont « comme moi ». Notre propension naturelle est d'adopter les attitudes, les styles vestimentaires, les opinions et les styles de vie des personnes auxquelles nous nous identifions et que nous fréquentons la plupart du temps.

Voler haut

Il y a quelques années, l'un des participants à mon séminaire me raconta son histoire. Bob Barton raconta qu'il avait commencé sa carrière alors qu'il avait une vingtaine d'années dans une grande entreprise qui comptait environ 32 vendeurs dans ce secteur. C'était son premier véritable emploi, et il commençait au bas de l'échelle. Comme il était nouveau, il fréquentait les autres vendeurs débutants. « Qui se ressemble s'assemble. »

Après un mois ou deux, Bob remarqua que les meilleurs vendeurs du bureau se fréquentaient aussi entre eux. Ils ne passaient pas de temps avec débutants. Ils occupaient aussi leur temps différemment. Lorsque Bob arrivait au bureau le matin, les meilleurs vendeurs étaient déjà là, en train de planifier leur journée, de travailler au téléphone et de prendre des rendez-vous. Bob remarqua aussi que les vendeurs débutants arrivaient plus tard, buvaient du café, lisaient le journal et trouvaient des excuses pour ne pas faire d'appels de vente.

Apprendre des meilleurs

Bob décida de prendre exemple sur les meilleurs vendeurs du bureau. Il regarda la façon dont ils s'habillaient et se coiffaient, et il décida de s'habiller et de se coiffer comme eux. Chaque matin, il se tenait devant son miroir et se demandait : « Est-ce que je ressemble à l'un des meilleurs vendeurs de mon bureau ? »

Si la réponse était « non », il retournait se changer jusqu'à ce qu'il ait l'impression d'être aussi bien que les meilleurs. Il commença à se rendre au bureau et à organiser sa journée avant 8h30 afin d'être prêt à passer des appels dès que ses clients étaient disponibles pour le recevoir.

Un jour, Bob demanda à l'un des meilleurs vendeurs s'il pouvait lui recommander un livre ou un programme audio qui pourrait l'aider. Il s'avère que les meilleurs vendeurs sont toujours prêts à aider les autres à s'améliorer. Lorsqu'il reçut le conseil, Bob s'empressa d'acheter le livre ou de commander le programme audio. Il lut le livre et écouta le programme, puis fit un rapport au meilleur vendeur. Ce dernier lui donna d'autres conseils sur les choses à lire et à écouter, et Bob les suivit tous.

Faire ce que les meilleurs font

Bob demanda à un autre vendeur comment il planifiait sa journée. Le vendeur lui répondit et lui montra son système de gestion du temps. Bob commença donc à planifier et à organiser sa journée comme le faisaient les meilleurs vendeurs. En utilisant les meilleurs vendeurs comme référence et en les imitant chaque fois que possible, Bob commença à avoir plus de rendez-vous, à voir plus de clients potentiels et à réaliser plus de ventes. En l'espace de 6 mois, il est devenu l'un des meilleurs vendeurs du bureau ainsi que l'un des meilleurs vendeurs de l'entreprise.

À partir de ce moment-là, les meilleurs vendeurs l'ont invité à prendre un café et à déjeuner, et il est devenu l'un d'entre eux, plutôt qu'un vendeur débutant. L'année suivante, Bob s'est rendu à une conférence nationale des ventes, où il a rencontré un grand nombre des meilleurs vendeurs du pays. Il les a volontairement cherchés et leur a demandé des conseils. Quels livres suggéraient-ils ? Quels programmes audio recommandaient-ils ? Quelles stratégies avaient-ils trouvées les plus efficaces pour développer leur activité de vente ?

Suivre les conseils

Bob faisait quelque chose que peu de gens font : lorsqu'on lui donnait un conseil, il le suivait, il le mettait immédiatement en pratique et en informait la personne qui le lui avait donné.

En quatre ans, Bob est devenu l'un des meilleurs vendeurs du pays. Ses amis et associés étaient les autres meilleurs vendeurs des autres filiales. Son revenu avait été multiplié plusieurs fois. Il portait de beaux vêtements, conduisait une nouvelle voiture, vivait dans une belle maison et avait une femme merveilleuse. Et il affirmait que tout cela était dû au fait qu'il avait demandé les avis des meilleurs vendeurs, puis qu'il avait suivi ces avis et les avaient appliqués à ses activités de vente.

Mais le plus incroyable dans cette histoire est que : les meilleurs vendeurs, ceux qui remportaient les prix de vente année après année, répétaient sans cesse la même chose à Bob : il était la première personne à venir les voir et à leur demander conseil. Personne d'autre n'était venu les voir pour leur demander pourquoi ils réussissaient si bien.

Les réponses ont toutes été trouvées

Voici une grande révélation : toutes les réponses ont été trouvées. Toutes les voies de la réussite ont été découvertes. Tout ce que nous devons apprendre pour atteindre le sommet dans notre secteur a déjà été appris par des centaines, voire des milliers d'autres personnes. Et si nous leur demandons des conseils, ils nous les donneront. Les personnes prospères mettront leurs appels téléphoniques en attente, annuleront d'autres rendez-vous et mettront leur travail de côté afin d'aider d'autres personnes à réussir. Mais *il faut demander*, et ensuite *suivre leurs conseils* une fois qu'ils nous les ont donnés.

Si nous ne pouvons pas leur demander directement, nous devons lire leurs livres et assister à leurs conférences et séminaires. Écouter des programmes audio créés par des personnes ayant réussi. Parfois, nous pouvons leur envoyer des emails et leur demander des conseils. Il faut apprendre des meilleurs.

Se fixer comme objectif un revenu élevé

Si notre but est de faire partie des 20 % de personnes qui gagnent le plus d'argent dans notre secteur, il nous faut d'abord savoir ce que gagnent aujourd'hui ces personnes. Cette information est disponible. Il suffit de se renseigner autour de nous. Consulter les statistiques du secteur, aller sur Google, ces informations sont facilement disponibles.

Une fois que nous connaissons les revenus que nous visons, inscrivons-les comme objectif. Nous devons élaborer un projet pour atteindre ce niveau de revenu, et y travailler chaque jour. Ne jamais s'arrêter avant de l'avoir atteint.

Le secret d'un revenu élevé dans le monde des affaires et de la vente est très simple : *apprendre et faire*. Comme apprendre à conduire, nous nous améliorons petit à petit. Chaque fois que nous apprenons et pratiquons une nouvelle compétence, nous augmentons notre capacité à gagner de l'argent. Et cela se consolide. Tant que nous améliorons notre capacité à gagner de l'argent, nous passons à un niveau supérieur, dont nous nous éloignons rarement.

Utilisons la formule des 3 % pour investir en soi

Pour garantir la réussite tout au long de sa vie, il faut réinvestir 3 % de ses revenus dans sa propre personne. Il semble que ce soit le chiffre magique pour l'apprentissage en continu. Selon « l'American Society for Training and Development », c'est ce pourcentage que 20 % des entreprises les plus rentables, dans tous les secteurs, investissent pour la formation et le perfectionnement de leur personnel. Il faut investir aujourd'hui 3 % de ses revenus dans sa propre personne afin de devenir un atout précieux et augmenter continuellement sa capacité de gain.

Si notre objectif de revenu annuel est de 50 000 $, nous devons réinvestir 3 % de ce montant, soit 1 500 $ chaque année pour maintenir et perfectionner nos connaissances et nos compétences. Si notre objectif de revenu est de 100 000 $, nous déciderons de réinvestir 3 000 $ par an pour nous assurer d'atteindre ce niveau de revenu.

La récompense est incroyable

Alors que je dirigeais un séminaire à Détroit il y a quelques années, un jeune homme d'environ 30 ans est venu me voir durant la pause. Il m'a dit qu'il était venu pour la première fois à mon séminaire et avait appris ma « règle des 3 % » environ 10 ans auparavant. À l'époque, il avait abandonné ses études, vivait chez ses parents, conduisait une vieille voiture et gagnait environ 20 000 dollars par an en tant que vendeur de bureau à bureau.

Après le séminaire, il décida d'appliquer cette règle des 3 % sur lui-même, immédiatement. Il calcula que 3 % de son revenu de 20 000 $ représentait 600 $. Il commença à acheter des livres de vente et à les lire tous les jours. Il investit dans deux programmes d'apprentissage audio sur la vente et la gestion du temps. Il suivit un séminaire de vente. Il investit la totalité des 600 $ dans sa propre personne, pour apprendre à devenir meilleur dans son secteur.

Cette année-là, son revenu passa de 20 000 à 30 000 dollars, soit une augmentation de 50 %. Il m'indiqua qu'il pouvait attribuer cette augmentation avec précision aux choses qu'il avait apprises et appliquées dans les livres qu'il avait lus et les programmes audio qu'il avait écoutés. L'année suivante, il réinvestit donc 3 % de ses 30 000 $, soit 900 $ au total. Cette année-là, son revenu bondit de 30 000 $ à 50 000 $. Il se mit alors à penser : « Si mes revenus augmentent de 50 % par an en réinvestissant 3 %, que se passerait-il si j'investissais 5 % ? »

Continuer à mettre la barre plus haut

L'année suivante, il investit 5 % de son revenu, soit 2 500 $, dans son programme d'apprentissage : il suivit davantage de séminaires, voyagea à travers le pays pour assister à une conférence, acheta davantage de programmes d'apprentissage audio et vidéo, et engagea même un coach à temps partiel. Et cette année-là, son revenu doubla pour atteindre 100 000 $.

Après cela, comme pour le poker Texas Hold-Em, il décida de faire le grand saut et d'investir 10 % par an dans sa personne. Il m'expliqua qu'il fit cela chaque année depuis.

Je lui ai demandé : « Quel effet a eu le fait de réinvestir 10 % de vos revenus dans vous-même ? »

Il a souri et dit : « J'ai dépassé le million de dollars de revenus personnels l'année dernière. Et je continue à investir 10 % de mes revenus dans moi-même chaque année. »

J'ai dit : « C'est beaucoup d'argent. Comment réussissez-vous à réinvestir autant d'argent dans vous-même ? »

Il répondit : « C'est difficile ! Je dois commencer à dépenser de l'argent sur mon apprentissage en janvier afin de pouvoir tout investir avant la fin de l'année. J'ai un coach pour mon image, un coach pour mes ventes et un coach pour mes discours. J'ai une grande bibliothèque à la maison avec tous les livres, programmes audio et vidéo sur la vente et la réussite personnelle que je puisse trouver. Je participe à des conférences, tant au niveau national qu'international, dans mon secteur. Et mes revenus ne cessent d'augmenter chaque année.»

3 étapes faciles pour devenir le meilleur

Pour se hisser parmi les meilleurs dans son domaine, il faut avant tout de la discipline et de la pratique. Il y a 3 étapes toutes simples à suivre pour faire partie des meilleurs :

1. *Lire 60 minutes par jour dans son domaine.* Éteindre la télévision et la radio, mettre de côté le journal, et lire pendant une heure dans son secteur d'activité chaque jour avant de commencer à travailler.

2. *Écouter des programmes audio instructifs dans sa voiture.* Il faut les écouter et les arrêter, puis réfléchir à ce que l'on a entendu et à la manière dont on peut appliquer ces idées à son travail.

3. *Assister régulièrement à des cours et des séminaires dans son secteur d'activité.* Il faut les chercher. Prendre des cours en ligne chez soi, des cours qui permettent de perfectionner ses compétences et qui fournissent des idées précieuses à utiliser pour encore mieux réussir.

Le pouvoir de l'apprentissage composé, comme les intérêts composés, est assez surprenant. Plus nous apprenons, plus nous sommes capables d'apprendre. Plus nous apprenons, plus les fonctions de notre cerveau s'améliorent, et plus nous devenons intelligents. Notre mémoire et notre capacité à retenir les informations augmentent. Plus nous apprenons, plus nous trouvons de relations entre ce que nous avons appris à un moment donné et ce que nous apprenons à un autre moment.

Ne cessons jamais d'apprendre et de se perfectionner.

L'acquisition de la perfection

Combien de temps faut-il pour atteindre la perfection dans notre domaine ? Selon les experts, l'acquisition de la « perfection » nécessite environ 7 ans, soit 10 000 heures de travail acharné. Il faut 7 ans pour devenir un brillant vendeur. Il faut 7 ans pour devenir un homme d'affaires prospère. Il faut 7 ans pour devenir un excellent mécanicien diesel. Il faut 7 ans pour devenir un remarquable chirurgien du cerveau. Il semble qu'il faille 7 ans, ou 10 000 heures de travail acharné, pour atteindre le sommet dans n'importe quel domaine. Alors autant s'y mettre tout de suite. Le temps passe quoique l'on fasse.

Pour atteindre la perfection, nous devons d'abord décider de nous engager à atteindre l'excellence. Je n'ai jamais rencontré une personne qui ait décidé d'entrer dans le top 20 % de son domaine et qui n'y soit pas parvenue, et je n'ai jamais vu une personne parvenir à ce résultat sans avoir pris cette décision. Il est fondamental de se décider et de poursuivre par des actions continues, ciblées et disciplinées.

Le talent ne suffit pas

Selon Jeffrey Colvin, dans son livre à succès *Talent Is Overrated*, la majeure partie des gens apprennent à faire leur travail au cours de la première année, puis ils ne progressent plus. Ils ne font que se contenter du travail qu'ils ont à faire. La seule direction dans laquelle on peut alors aller est la *descente.*

Un grand nombre de personnes travaillent pendant de nombreuses années à un poste sans jamais sortir de la moyenne. Ils font leur travail de 9h à 18h, mais ne font rien pour perfectionner leurs compétences. Ils ne consacrent pas de temps à perfectionner leur métier, à moins que leur entreprise ne paie la formation et ne leur accorde des congés pour la suivre.

La personne ordinaire ne fait qu'un travail ordinaire et, par conséquent, gagne un revenu ordinaire, et donc s'inquiète toute sa vie de l'argent. Elle ne se rend pas compte que, souvent, il n'y a qu'un léger voile qui sépare la personne moyenne de la personne excellente. Aujourd'hui, « si nous ne nous améliorons pas, nous nous dégradons ». On ne peut rester longtemps au même endroit.

Deux heures par jour suffisent pour se rapprocher de la réussite

Il suffit d'investir environ *2 heures supplémentaires* par jour pour passer du niveau moyen au niveau supérieur. Il suffit de 2 heures supplémentaires par jour pour passer du stade de la personne qui s'inquiète de l'argent toute sa vie à celle des mieux payées dans son domaine.

Vous vous dites peut-être : « Où vais-je trouver deux heures supplémentaires chaque jour ? » C'est très simple : prenons une feuille de papier et faisons le calcul suivant :

- calculons le nombre d'heures que l'on a dans une semaine : 7 jours fois 24 heures égale 168 heures.

- si l'on déduit 40 heures pour le travail et 56 heures pour le sommeil, il reste 72 heures.

- si l'on déduit 3 heures par jour (21 heures) pour se préparer et se rendre au travail, il reste 51 heures de temps libre dont on peut disposer à sa guise.

- si l'on consacre 2 heures par jour à son propre perfectionnement, soit 14 heures par semaine, il reste 37 heures. Cela représente une moyenne de plus de 5 heures par jour de temps libre.

Tout ce que l'on doit faire, est de consacrer 2 de ces 5 heures pour passer du niveau moyen au niveau excellent dans tout ce que l'on veut accomplir.

Prendre l'habitude de se perfectionner en permanence

La bonne nouvelle est que lorsque l'on commence à lire des ouvrages de perfectionnement personnel ou professionnel, à écouter des programmes audio dans sa voiture, à suivre des cours supplémentaires et à perfectionner ses compétences le soir et le week-end plutôt que de regarder la télévision, on prend rapidement l'habitude d'apprendre en permanence. En un rien de temps, il sera automatique et facile d'apprendre, de se perfectionner et d'améliorer ses compétences chaque jour de chaque semaine.

En moyenne, un adulte regarde environ 5 heures de télévision par jour. Pour certaines personnes, cela représente 7 ou 8 heures. Ils allument la télévision dès le matin, et la rallument dès qu'ils rentrent du travail. Ils regardent ensuite la télévision jusqu'à 23h ou minuit et se couchent sans prendre le temps de bien dormir. Ils se lèvent ensuite le matin, boivent du café et regardent la télévision aussi longtemps que possible avant de partir au travail.

Nous pouvons être riches ou pauvres : le choix nous appartient

Notre télévision peut nous enrichir comme nous appauvrir. Si nous la regardons tout le temps, elle nous rendra pauvres. Les psychologues ont prouvé que, plus nous regardons la télévision, plus nos niveaux d'énergie et d'estime de soi sont bas. Inconsciemment, nous ne nous aimons pas et ne nous respectons pas autant si nous restons assis des heures durant à regarder la télévision. Les personnes qui regardent trop la télévision prennent également du poids et deviennent physiquement affaiblies à force de rester assises.

Notre télévision peut aussi nous *enrichir*, mais seulement si nous l'éteignons. Lorsque nous éteignons notre télévision, nous disposons d'un temps libre que nous pouvons utiliser pour devenir une meilleure personne, plus intelligente et plus compétente. Si l'on éteint la télévision lorsque l'on est en famille, on se surprendra à parler, partager, communiquer et rire plus souvent. Lorsque nous laissons notre télévision longtemps éteinte, nous perdons l'habitude de la regarder et elle ne nous manque guère. Notre télévision peut être un excellent serviteur, mais c'est un terrible maître. Le choix nous appartient.

Augmenter ses revenus de 1 000 %

Il existe une méthode simple en sept étapes que l'on peut utiliser pour augmenter sa productivité, ses résultats, son rendement et ses revenus de 1 000 % au cours des dix ans à venir. Elle fonctionne pour tous ceux qui l'essaient, et elle est très simple.

Nous devons d'abord répondre à cette question : est-il possible d'augmenter notre productivité globale, nos résultats et notre rendement de 1/10 de 1 % (1/1000e) en une journée de travail ? La réponse sera probablement « oui ». Si nous gérons un peu mieux notre temps et que nous travaillons sur des tâches plus importantes, nous pourrons facilement augmenter notre rendement d'un millième en une journée.

Ayant fait cela le premier jour, pourrions-nous augmenter notre production de 1/10 de 1 % le deuxième jour ? Et la réponse, bien sûr, est également « oui. »

Après avoir augmenté nos résultats de 1/10 de 1 % le lundi et le mardi, pourrions-nous continuer à le faire le mercredi, le jeudi et le vendredi ? Et là encore, la réponse est « oui. »

½ de 1 % par semaine

Un dixième de 1 % multiplié par 5 jours par semaine est égal à ½ de 1 % par semaine. Est-il possible pour un individu normal, intelligent et travailleur d'augmenter son rendement de ½ de 1 % (1/200e) en une seule semaine ? Oui, tout à fait !

Après avoir fait cela la première semaine, pourrions-nous maintenir le même rythme d'amélioration personnelle la deuxième semaine ? Bien sûr que oui !

Pourrions-nous être un millième de 1 % meilleurs 5 jours par semaine pendant un mois entier ? Si nous le pouvions, cela signifierait que nous serions ½ de 1 % meilleurs par semaine, ou 2 % plus productifs pendant un mois entier.

Il y a 13 mois de 4 semaines dans une année (4 x 13 = 52). Après avoir progressé de 2 % en un mois, pourrions-nous répéter cela le deuxième mois ? Le troisième mois ? Le quatrième mois ? Et ainsi de suite ?

26 % de mieux chaque année

Bien évidemment ! En travaillant sur soi un peu chaque jour, en apprenant de nouvelles compétences, en s'améliorant dans ses tâches clé, en se fixant des priorités et en se concentrant sur des activités de plus grande valeur, quiconque le souhaite peut devenir 26 % plus productif au cours d'une année entière.

Si nous avons atteint cet objectif la première année, pourrions-nous le faire une deuxième année, puis une troisième ? Pourrions-nous continuer ainsi pendant 10 ans ? Et la réponse, bien entendu, est « oui ». Et le plus beau dans tout cela, c'est que lorsque l'on continue à travailler sur soi-même, il devient de plus en plus facile de se perfectionner au fil du temps.

Selon la loi de l'accumulation, ou la loi de l'amélioration progressive, au bout de 12 mois, nous serions 26 % plus productifs. Si nous continuions à nous améliorer de 26 % par an, au bout de 10 ans, avec la capitalisation, nous serions 1 004 % plus productifs. Nos revenus augmenteraient au même rythme. Cette formule fonctionne - si l'on s'y met.

Les 7 étapes de la réussite

Voici les 7 étapes de la méthode des 1 000 % :

1ère étape : se lever 2 heures avant son premier rendez-vous, ou avant d'aller au travail. Consacrer la première heure à *lire* quelque chose de formateur, de motivant ou de spirituel. Henry Ward Beecher a dit un jour : « La première heure est le gouvernail de la journée ».

Lorsque l'on commence la journée en consacrant la première heure à soi-même, on se met mentalement en condition pour passer une excellente journée. On sera plus positif, plus alerte, plus créatif et plus productif tout au long de la journée si l'on commence sa journée par consacrer la première heure à son développement personnel.

Si l'on se mettait à lire quelque chose sur sa spécialité une heure par jour, cela se résumerait à environ un livre par semaine. Un livre par semaine se résumerait à environ 50 livres par an. L'adulte moyen lisant moins d'un livre documentaire par an, si l'on pouvait lire 50 livres dans son domaine chaque année, est-ce que cela nous donnerait un avantage dans notre profession ? Est-ce que cela nous permettrait de nous démarquer des autres dans notre secteur ? Bien évidemment !

Si nous lisons 50 livres par an pendant 10 ans, cela fait 500 livres qui nous aideraient à améliorer notre productivité, nos résultats et nos revenus. Au bas mot, nous aurions besoin d'une plus grande maison juste pour contenir nos livres, et nous aurions les moyens de l'avoir !

Lire une heure par jour dans notre spécialité fera de nous une sommité nationale 3 à 5 ans plus tard. Rien que cela peut nous apporter une augmentation de 1 000 % au cours de notre carrière.

2ème étape : réécrire ses objectifs, chaque jour. Se procurer un cahier et réécrire ses principaux objectifs au présent chaque matin avant de démarrer sa journée, sans regarder ce que l'on a écrit la veille. Ce processus d'écriture et de réécriture consiste à programmer des instructions dans les mécanismes de contrôle de notre esprit.

En réécrivant ses 10 objectifs chaque matin, nous pouvons sans cesse voir et penser aux façons d'atteindre ceux-ci tout au long de la journée. Nous serons plus concentrés, canalisés et dirigés. Nous serons plus résolus et déterminés, et nous atteindrons nos objectifs beaucoup plus rapidement que s'ils n'étaient que des souhaits au fond de notre esprit.

Écrire et réécrire ses objectifs chaque jour peut générer une augmentation de 1 000 % de ses revenus sur 10 ans.

3ème étape : planifier chaque jour à l'avance. Faire une liste et définir les priorités dans son travail avant de commencer. Notre capacité à fixer des priorités et à choisir la chose la plus importante que nous devons faire à chaque instant est la condition sine qua non pour organiser notre vie et doubler notre productivité. (Nous parlerons en détail des techniques de gestion du temps au chapitre 12).

Travailler sur nos principales priorités peut augmenter nos revenus de 1 000 % sur 10 ans, sans cela, c'est probablement impossible.

4ème étape : se discipliner pour se concentrer sur une seule chose. Choisir chaque jour la tâche la plus importante que nous puissions accomplir, et y travailler jusqu'à ce qu'elle soit achevée à 100 %. Notre capacité à nous concentrer, lorsque nous la mettons au point et la perfectionnons pour en faire une habitude, nous permettra à elle seule de *doubler* notre productivité, nos résultats et notre rendement au cours du mois suivant. Cela constituera une augmentation de 1 000 % sur 10 ans.

5ème étape : écouter des programmes audio instructifs dans sa voiture. L'homme d'affaires moyen qui conduit passe en moyenne 500 à 1000 heures par an au volant de sa voiture. Lorsque nous transformons notre voiture en une « école sur roues » ou une « salle de classe mobile », nous obtenons l'équivalent didactique d'un ou deux semestres universitaires à temps plein alors que nous conduisons.

De nombreuses personnes sont passées de la galère à la prospérité en écoutant simplement des programmes audio didactiques dans leur voiture, au cours de leurs déplacements. Il nous suffit d'en faire autant. Rien que cela pourrait nous donner notre augmentation de 1 000 %.

6ème étape : se poser 2 questions magiques après chaque appel ou événement. Tout d'abord, se demander : « Qu'ai-je fait de *bien* ? ». Ensuite, se demander : « Que ferais-je *différemment* ? »

La première question, « Qu'ai-je fait de *bien* ? » nous pousse à réfléchir et à se rappeler de toutes les choses correctes que l'on a faites lors de la dernière réunion, présentation ou manifestation, même si elle n'a pas été couronnée de succès. Il faut les noter.

La deuxième question, « Que ferais-je *différemment* ? », nous oblige à réfléchir à toutes les façons dont nous pourrions *améliorer* notre efficacité dans une situation similaire la prochaine fois. Il faut également noter ces idées.

Dans les deux cas, en examinant sa performance, en réfléchissant à ce que l'on a fait de *bien* et à ce que l'on ferait *différemment*, on se programme pour être encore plus performant la fois suivante. C'est l'un des exercices de progression et de perfectionnement personnels les plus rapides et les plus puissants que j'aie jamais découverts. Ce processus accélère considérablement la vitesse à laquelle nous rejoignons le top 20 %.

7ème étape : considérer chaque personne que l'on rencontre comme un client valant un million. Traiter chaque personne que nous rencontrons et avec qui nous travaillons, au bureau comme en dehors, comme si elle était la personne la plus importante au monde. Si l'on traite les gens comme s'ils ont de la valeur et de l'importance, ils nous rendront la pareille en nous traitant aussi comme si nous avions de la valeur et de l'importance. Ils voudront s'associer à nous, travailler pour nous, acheter chez nous et nous présenter à leurs amis.

Pour commencer à considérer les gens comme des clients valant des millions, nous devons d'abord commencer chez nous, avec les membres de notre famille. N'oublions pas que ce sont les personnes les plus importantes de notre vie. Et lorsque nous démarrons bien la journée, dès le matin, en faisant en sorte que les membres de notre famille se sentent importants et en leur disant que nous les aimons, nous devenons plus positifs, plus détendus et plus heureux tout au long de la journée.

85 % de notre réussite dépendra de la façon dont les gens nous apprécient et nous respectent, surtout dans le domaine des affaires et de la vente. Il ne faut jamais manquer une occasion de bien traiter les gens.

Si l'on pratique ces 7 étapes chaque jour pendant un mois, nous serons surpris des changements et des bénéfices obtenus dans notre vie, notre travail et nos revenus. Après un mois de pratique régulière, nous aurons pris l'habitude de nous améliorer continuellement, ce qui nous permettra de progresser tout au long de notre vie.

Être le meilleur !

Le développement personnel tout au long de sa vie et l'engagement à atteindre l'excellence personnelle exigent beaucoup de dévouement, de discipline et de volonté. La plus grande récompense est que chaque fois que l'on apprend et que l'on applique quelque chose de nouveau, le cerveau libère des endorphines, qui nous rendent plus heureux et plus enthousiastes quant à notre avenir.

Chaque fois que l'on apprend et que l'on applique quelque chose de nouveau, on éprouve un plus grand sentiment de pouvoir personnel. Notre estime de soi, notre respect de soi et notre fierté personnelle augmenteront. Nous aurons le sentiment de maîtriser notre capacité de gain, l'un des principaux aspects de notre vie.

Dans le chapitre suivant, nous parlerons de l'importance du courage, de la nécessité de surmonter les peurs et les doutes qui freinent la plupart des gens. Il arrive souvent que nous sachions ce que nous devons faire, mais que nous n'ayons pas le courage de prendre les mesures qui s'imposent.

Exercices Pratiques :

1. Prenez dès aujourd'hui la décision d'investir en vous-même et de vous améliorer, comme si votre avenir en dépendait - car c'est bien le cas.

2. Définissez les compétences les plus importantes que vous possédez et qui influencent la qualité et la quantité des résultats que vous obtenez dans votre travail, et élaborez un projet pour vous perfectionner dans chacune d'elles.

3. Si d'un coup de baguette magique vous pouviez devenir excellent dans n'importe quelle compétence, *laquelle* aurait le plus d'impact sur votre capacité de gain ? Quelle que soit votre réponse, fixez cette compétence comme objectif, élaborez un projet et travaillez-y tous les jours.

4. Fixez-vous comme objectif d'obtenir d'excellents résultats dans votre travail, puis déterminez exactement ce que

vous devrez faire chaque jour pour faire partie du top 20 % ou plus dans votre secteur.

5. Projetez-vous dans 3 à 5 ans et déterminez les nouvelles connaissances et compétences que vous devrez acquérir pour diriger votre secteur à l'avenir, puis lancez-vous dès aujourd'hui dans leur apprentissage.

6. Choisissez la personne la plus brillante dans votre secteur, celle que vous admirez le plus, et utilisez-la comme modèle pour votre propre perfectionnement.

7. Engagez-vous dès aujourd'hui à apprendre tout au long de votre vie et ne laissez pas passer un jour sans vous perfectionner dans un domaine quelconque.

Chapitre 6

L'AUTODISCIPLINE ET LE COURAGE

*« Le courage est la résistance à la peur :
la maîtresse et non l'absence de la peur. »*

— Mark Twain

Il nous faut une grande dose d'autodiscipline pour affronter courageusement tous ce qui nous fait peur dans la vie. C'est probablement la raison pour laquelle Churchill a déclaré : « Le courage est à juste titre considéré comme la première des vertus, car c'est de lui que dépendent toutes les autres. »

Tout le monde a peur, et souvent de beaucoup de choses. C'est tout à fait normal. Souvent, la peur est nécessaire pour se protéger, éviter les blessures et se prémunir contre les erreurs financières.

Ainsi, si tout le monde a peur, quelle est la différence entre une personne courageuse et un lâche ? La seule différence est que la personne courageuse se *discipline* pour affronter sa peur, pour la gérer et pour agir en dépit de cette peur. En revanche, le lâche se laisse dominer et contrôler par la peur. Quelqu'un a dit un jour cette phrase, à propos de la guerre, bien qu'elle s'applique à toute situation : « La différence entre le héros et le lâche est que le héros reste sur place 5 minutes de plus. »

On peut désapprendre ses peurs

Par chance, toutes les peurs *s'apprennent*, personne ne naît avec une peur quelconque. Avec l'autodiscipline il est donc possible de désapprendre ses peurs, en s'entrainant, encore et encore, jusqu'à la disparition de celle-ci.

Les peurs les plus courantes, qui sapent souvent tout espoir de réussite, sont celles de l'échec, de la pauvreté et de la perte d'argent. Ces peurs poussent les gens à éviter toute forme de risque et à rejeter les occasions qui se présentent à eux. Ils ont tellement peur de l'échec qu'ils sont presque paralysés lorsqu'il s'agit de prendre le moindre risque.

Il existe de nombreuses autres peurs qui entravent notre bonheur. Nous craignons tous de perdre l'amour, notre emploi, ou encore notre sécurité financière. Nous avons peur de l'embarras ou du ridicule. Nous avons peur du rejet et des critiques de toutes sortes. Nous avons peur de perdre le respect ou l'estime des autres. Ces peurs, et bien d'autres, nous freinent tout au long de notre vie.

La peur paralyse l'action

La réaction la plus courante dans une situation de peur est de se dire : « Je ne peux pas ! ». Cette peur de l'échec et de la perte qui nous empêche d'agir, est vécue physiquement, en commençant par le plexus solaire. Lorsqu'une personne a vraiment peur, sa bouche et sa gorge deviennent sèches, son cœur bat la chamade, elle respire parfois de façon superficielle et son estomac est sens dessus dessous, elle a souvent envie de se lever et de courir aux toilettes.

Ce sont toutes des manifestations physiques de l'habitude négative *inhibitrice*, que nous avons tous vécue à un moment donné. Lorsqu'une personne est sous l'emprise de la peur, elle se sent comme un chevreuil surpris par les phares d'une voiture. La peur paralyse l'action, elle bloque souvent le cerveau et fait réagir l'individu par la réaction de « lutte ou de fuite ». La peur est une émotion terrible qui sape notre bonheur et peut nous freiner tout au long de notre vie.

Faire le contraire

Aristote a décrit le courage comme le « juste-milieu », entre les extrêmes de la lâcheté et de la témérité. Il enseignait notamment que « pour développer une qualité qui vous fait défaut, agissez comme si vous possédiez déjà cette qualité dans chaque situation où elle est requise. » En d'autres termes, on dit aujourd'hui : « Fais semblant jusqu'à ce que tu y arrives. »

Nous pouvons réellement changer notre comportement en affirmant, en visualisant et en *agissant comme si* nous avions déjà la compétence que nous visons. En affirmant, en répétant les mots « Je peux le faire ! » avec insistance chaque fois que l'on a peur, quelle qu'en soit la raison, nous pouvons faire disparaître le sentiment de « Je ne peux pas... »

Chaque fois que nous répétons les mots « Je peux le faire ! » avec conviction, nous surmontons notre peur et renforçons notre confiance. En répétant cette affirmation encore et encore, nous pouvons renforcer notre courage et notre confiance au point de ne plus avoir peur.

Se visualiser n'ayant pas peur

En nous visualisant réussir avec confiance et compétence dans un domaine qui nous fait peur, notre image mentale sera petit à petit acceptée par notre subconscient comme une consigne. L'image que l'on a de soi, c'est-à-dire ce que l'on pense de soi, est modifiée en alimentant notre mentale de ces images positives donnant le meilleur de soi.

En utilisant la méthode « faire comme si », nous marchons, nous parlons et nous nous tenons exactement comme nous le ferions si nous étions sans peur dans une situation donnée. Nous nous tenons droit, nous sourions, nous nous déplaçons rapidement et avec confiance, et nous faisons comme si nous avions déjà le courage que nous recherchons.

Le principe de réciprocité dit que « si nous éprouvons un certain sentiment, nous agirons de manière cohérente avec ce sentiment ». Mais si nous agissons en accord avec ce sentiment, même si nous ne le ressentons pas, la loi de réciprocité créera le sentiment qui correspond à nos actions.

C'est l'une des plus grandes découvertes en psychologie de la réussite. Nous *trouvons* le courage que nous voulons en nous disciplinant à faire ce que nous craignons, encore et encore, jusqu'à ce que la peur finisse par disparaître, ce qui finira par arriver.

Chasser la peur

Lorsque je travaille avec des entreprises de vente, elles me demandent souvent comment aider un vendeur à sortir d'un passage à vide, surtout dans un contexte économique difficile. Je leur donne une formule simple dont l'efficacité est garantie, à chaque fois. Elle s'appelle « la méthode des 100 appels ». Pour mettre en pratique cette méthode, je demande au vendeur d'appeler 100 acheteurs potentiels aussi vite qu'il le peut, sans se soucier de savoir s'il va réaliser ou non une vente.

Lorsque le vendeur ne se préoccupe pas de réaliser une vente, une grande partie de sa peur du rejet disparaît. Il ne se soucie guère de savoir si le prospect auquel il s'adresse est intéressé ou non, il n'a qu'un seul objectif, passer 100 appels aussi vite que possibles.

Une des entreprises de vente avec laquelle je travaille offre un prix au premier vendeur qui se fait rejeter 10 fois chaque matin. À 8 h 30, tous les vendeurs commencent à passer des appels pour tenter de gagner le prix. Lorsque le concours se termine, généralement vers 10 heures, les craintes de rejet de chacun ont été balayées. Ils sont prêts à appeler des clients potentiels toute la journée, sans se soucier des réactions qu'ils obtiennent.

Apprendre à parler debout

En 1923, Toastmasters International a été créé. Son but était de prendre des gens qui étaient terrifiés à l'idée de parler en public et de les aider à devenir confiants et compétents en parlant debout devant des gens.

Selon *The Book of Lists* (Le livre des listes), 54 % des adultes placent la peur de parler en public devant la peur de la mort. Mais Toastmasters International ont trouvé une solution. Ils ont créé un système basé sur ce que les psychologues appellent la « désensibilisation systématique. »

De petits groupes de Toastmasters se réunissent une fois par semaine, lors d'un déjeuner ou d'un dîner de travail. Chaque personne doit se lever et faire un bref discours sur un sujet précis devant le groupe. À la fin de chaque discours, l'orateur reçoit des applaudissements, des commentaires positifs et des remarques des autres membres. À la fin de la soirée, chaque personne est notée sur son discours, même s'il n'a duré que 30 ou 60 secondes.

Après 6 mois de participation aux réunions de Toastmasters, l'individu se sera levé et aura parlé 26 fois, recevant à chaque fois des applaudissements et des commentaires positifs. Sa confiance aura augmenté de façon spectaculaire. Grâce à ces expériences positives continue, d'innombrables Toastmasters sont devenus d'excellents orateurs et des personnes importantes dans leurs entreprises, sociétés et communautés. Leurs craintes de parler en public ont disparu à jamais.

Supprimer deux peurs à la fois

Les psychologues ont découvert que certaines peurs sont reliées entre elles dans le subconscient, comme les fils d'un circuit. Si l'on parvient à surmonter ses peurs dans un domaine, on élimine les autres peurs dans ce même circuit.

La peur du rejet, ou la réticence à appeler, semble être liée à la peur de parler en public. Lorsque l'on se discipline pour rejoindre Toastmasters, ou suivre un cours de Dale Carnegie, et que l'on apprend à parler avec assurance, la peur du rejet disparaît également. Notre niveau de confiance en soi dans toutes nos interactions avec les autres augmente de façon spectaculaire. Notre vie entière change de manière positive.

Affronter ses peurs

Notre capacité à affronter nos peurs, à les gérer et à agir en conséquence est la clé du bonheur et de la réussite. L'un des meilleurs exercices que nous puissions pratiquer est d'identifier une personne ou une situation qui nous fait peur, et de prendre la décision de faire face à cette situation immédiatement. Ne pas la laisser nous rendre malheureux une minute de plus. Il faut prendre la décision d'affronter la situation ou la personne, et de supprimer cette peur une fois pour toutes.

> Par exemple, une femme participant à l'un de mes séminaires m'a raconté que son patron la critiquait et la réprimandait constamment sur son travail, même si elle était l'un des employés les mieux notés de son entreprise. Il lui rendait la vie impossible. Elle ne voulait pas quitter son emploi, mais elle avait peur de le confronter. Elle m'a demandé ce qu'elle devait faire.

> Je lui ai donné ce conseil, que j'ai ensuite donné à de nombreuses autres personnes : la seule raison pour laquelle une personne en intimide une autre est parce qu'elle pense pouvoir s'en tirer. La seule façon de faire face à une brute est de l'affronter. Les harceleurs sont en réalité des lâches dans l'âme, et ils fuiront toute confrontation.

> Je lui ai donc dit de faire ceci : la prochaine fois que votre patron vous critiquera pour quelque raison que ce soit, tournez-vous vers lui et dites-lui, très fermement : « J'apprécierais que vous ne me parliez plus jamais comme ça. Cela me blesse et m'empêche de faire mon travail correctement. »

> Je lui ai dit de le regarder droit dans les yeux après avoir fait cette déclaration. Elle fit preuve d'un courage extraordinaire, plutôt que d'endurer cette situation davantage, la

fois suivante où son patron a commencé à la réprimander, elle l'a affronté et lui a dit ces mots.

Elle m'a écrit et m'a raconté ce qui s'était passé. Comme je l'avais prédit, il s'est arrêté net. Il s'est immédiatement excusé et a marmonné, puis il est rapidement retourné dans son bureau. Il ne l'a plus jamais critiquée. Elle m'a dit qu'elle aurait pu mettre fin au mauvais traitement qu'il lui infligeait depuis des mois si elle avait eu le courage de l'affronter directement la première fois que cela s'était produit. Comme l'a dit Eleanor Roosevelt, « Personne ne peut vous faire sentir inférieur sans votre consentement. »

Aller vers la peur

Lorsque l'on identifie une peur et que l'on se discipline pour l'affronter, elle diminue et devient plus facile à gérer. Plus nos peurs diminuent, plus notre confiance augmente. Rapidement, nos peurs perdent leur emprise sur nous.

En revanche, lorsque nous nous détournons d'une situation ou d'une personne qui nous effraie, notre peur prend *de plus en plus d'ampleur*. Rapidement, elle domine nos pensées et nos sentiments, nous préoccupe pendant la journée et nous empêche souvent de dormir la nuit.

Les leaders ont deux formes de courage

La qualité la plus courante chez un leader est celle de la vision. Les leaders ont une vision précise de l'orientation qu'ils souhaitent donner à leur entreprise. Ils ont également une vision précise de l'endroit où ils veulent se trouver plus tard dans leur vie personnelle.

La deuxième qualité la plus courante des leaders est le courage. Les leaders ont le courage de faire tout ce qui est nécessaire pour concrétiser leur vision. Ils prennent les devants et osent aller de l'avant.

Il y a deux formes de courage nécessaires.

Tout d'abord, il faut avoir le courage de se *lancer*, *d'agir*, de se faire confiance. Il faut avoir le courage de se donner à fond sans aucune garantie de réussite et avec une forte probabilité d'échec, du moins à court terme. Le principal défaut qui retient la plupart des gens est que, malgré les meilleures intentions, ils n'ont pas le courage de faire le premier pas.

La deuxième forme de courage nécessaire est appelée la « patience courageuse ». Il s'agit de la capacité à persévérer et à continuer à travailler et à se battre après s'être donné à fond et avant d'avoir vu des résultats ou des récompenses. De nombreuses personnes peuvent trouver le courage d'agir pour atteindre un nouvel objectif, mais lorsqu'elles ne voient aucun résultat immédiat, elles perdent rapidement espoir et se réfugient dans la sécurité. Elles n'ont pas *la force de résister*.

Directement faire face à la peur

La seule façon de faire face à une peur est de l'aborder en face. De nombreuses personnes ont naturellement tendance à nier qu'elles ont un problème causé par une peur quelconque. Elles ont peur de l'affronter. Cela constitue une source majeure de stress, de malheur et de maladies psychosomatiques.

Il faut être prêt à affronter directement la situation ou la personne. Comme l'a dit Shakespeare : « Armez-vous contre un océan de problèmes et, ce faisant, mettez-y fin. »

Le compagnon de la peur est *l'inquiétude*. La peur et l'inquiétude vont de pair, telles des sœurs jumelles. Mark Twain a écrit un jour : « J'ai eu beaucoup d'inquiétudes dans ma vie dont la plupart ne se sont jamais produites. »

On estime que 99 % des choses dont on s'inquiète n'arrivent jamais. Et la plupart des choses qui se produisent, arrivent si vite que l'on n'a même pas eu le temps de s'en inquiéter.

Le bilan de catastrophes

Chaque fois que quelque chose nous inquiète, il faut remplir un « bilan de catastrophes » de la situation. Cela supprimera notre peur et notre inquiétude presque instantanément. On appelle souvent cela le « chasseur d'inquiétudes ». Le bilan de catastrophes comprend 4 parties :

- **Tout d'abord, il faut définir *clairement* la situation inquiétante.** Qu'est-ce qui nous inquiète exactement ? Très souvent, lorsque l'on prend le temps d'être parfaitement lucide sur la situation inquiétante, un moyen de la résoudre devient immédiatement évident.

- **Dans un deuxième temps, il faut déterminer la pire chose qui pourrait se produire** si la situation inquiétante se produisait. Perdrions-nous notre emploi ? Perdrions-nous notre vie de couple ? Perdrions-nous notre argent ? Quelle est la pire chose qui pourrait se produire ?

Soyons clair à ce sujet. Dans de nombreux cas, nous verrons que, si le pire se produisait, il ne nous ruinerait pas, il pourrait être gênant ou inconfortable, mais nous finirions par nous en remettre. On s'apercevrait donc que cela ne vaut sûrement pas tous les tracas que l'on y consacre.

- **Troisièmement, se résoudre à assumer le pire résultat possible** s'il se produisait. Nous devons nous dire : « Eh bien, si cela arrive, je n'en mourrai pas. Je trouverai un moyen de m'en sortir. » La plupart du stress de l'inquiétude vient du déni, du fait de ne pas vouloir faire face à la pire chose qui pourrait arriver. Mais une fois que l'on s'est résolu à accepter le pire (s'il se produisait), toute l'inquiétude et le stress semblent disparaître.

- **Quatrièmement, immédiatement agir sur ce qui pourrait arriver de pire.** Prendre toutes les précautions possibles pour s'assurer que le pire résultat n'arrivera pas. Agir immédiatement. Il faut faire quelque chose. Aller de l'avant. Agir rapidement. Tellement s'occuper à éviter que la pire chose ne se produise pas que l'on n'a pas le temps de s'inquiéter.

Le véritable antidote

En fin de compte, le seul véritable remède à la peur ou à l'inquiétude est une *action disciplinée et ciblée visant nos objectifs*. Nous devons être suffisamment occupés à travailler sur nos objectifs ou à trouver des solutions à nos problèmes pour ne pas avoir le temps d'avoir peur ou de nous inquiéter.

Lorsque l'on pratique l'autodiscipline du courage et que l'on se force à faire face à toute situation qui nous fait peur dans la vie, l'estime de soi augmente, le respect de soi se renforce et le sentiment de fierté personnelle grandit, et l'on atteint finalement un seuil dans la vie où l'on a plus peur *de rien*.

Une fois que nous avons acquis le courage d'être confiant, nous devons renforcer l'autodiscipline de la persévérance, dont nous parlerons dans le prochain chapitre.

Exercices Pratiques :

1. Déterminez vos trois plus grandes peurs dans la vie actuellement. Quelles sont ces peurs ?

2. Définissez ce que vous feriez dans chacune de ces situations si vous aviez la certitude d'une réussite totale. Quelles mesures prendriez-vous ?

3. Qu'avez-vous toujours voulu faire mais avez eu peur d'essayer ? Que feriez-vous différemment si vous étiez assuré de réussir ?

4. Quels sont les trois domaines de la vie et du travail dans lesquels vous avez le plus peur de l'échec et de la perte ? Quelles mesures pourriez-vous prendre immédiatement pour affronter et faire disparaître ces peurs ?

5. Quels sont les trois domaines de la vie dans lesquels vous avez le plus peur de la critique, du rejet ou de l'embarras ? Comment pourriez-vous affronter ces peurs et les surmonter ?

6. Quel grand objectif vous fixeriez-vous si vous saviez que vous ne pouviez pas échouer ?

7. Que feriez-vous différemment dans la vie si vous aviez 20 millions de dollars en banque, mais qu'il ne vous restait que 10 ans à vivre ?

Chapitre 7

L'AUTODISCIPLINE ET LA PERSÉVÉRANCE

*« Ne cherchez pas à devenir un grand
homme dans la précipitation.
Une tentative sur 10 000 pourrait aboutir.
Ces probabilités sont effrayantes. »*

— Benjamin Disraeli

La persévérance est l'autodiscipline appliquée. Notre capacité à persévérer face à tous les revers et échecs temporaires est essentielle pour réussir dans la vie.

Napoléon Hill a dit : « La persévérance est au caractère de l'homme ce que le carbone est à l'acier ». La principale raison de la réussite est la persévérance. La principale raison de l'échec est le manque de persévérance, d'abandonner trop vite.

Il y a un lien direct entre l'autodiscipline et l'estime de soi. Chaque fois que l'on se discipline à faire ce que l'on doit faire, au moment où on doit le faire, qu'on le veuille ou non, l'estime de soi augmente. Il y a également un lien direct entre l'estime de soi et la persévérance. Chaque fois que l'on persévère et que l'on se force à continuer, même si l'on a envie d'abandonner, l'estime de soi augmente.

Chaque acte d'autodiscipline renforce tous les autres actes d'autodiscipline. Chaque acte de persévérance renforce tous les autres actes de persévérance. Lorsque nous nous disciplinons à persévérer, encore et encore, nous nous apprécions et nous respectons de plus en plus. Nous devenons plus forts et plus confiants. Au final, nous devenons *imparables*.

La récompense de la persévérance

La persévérance est sa propre récompense. Chaque fois que l'on se force à persévérer dans une tâche, petite ou grande, on se sent plus heureux et mieux dans sa peau.

Lorsque nous nous surpassons, que nous faisons plus que ce qui est requis ou que ce qui est attendu, notre estime de soi augmente. Nous nous sentons plus puissants et nous contrôlons mieux notre vie. Dans notre carrière, lorsque nous faisons un effort supplémentaire, nous faisons ce qui est juste. La principale différence entre les gagnants et les perdants dans la vie est simple : les gagnants n'abandonnent jamais et les perdants ne gagnent jamais.

Nous pouvons augmenter notre faculté de persévérer en se répétant, encore et encore : « Je suis imparable ! » Avant d'entreprendre toute tâche importante, il faut se programmer en se disant : « Je n'abandonnerai jamais. »

Avant de pouvoir réaliser quoi que ce soit de valable dans la vie, nous devons passer « l'épreuve de la persévérance ». Il s'agit généralement d'un « test surprise » qui nous tombe dessus de manière inopinée, sans prévenir. Nous sommes soudainement confrontés à un revers important, à un problème, à un échec temporaire ou même à un désastre total. Lorsque cela se produit, nous devons nous rappeler que c'est « le moment de l'épreuve ». C'est le moment où nous devons montrer ce dont nous sommes vraiment capables. C'est le moment où nous nous prouvons à nous-mêmes et aux autres la force de notre caractère et notre véritable détermination à réussir.

La capacité à réagir

Notre capacité à réagir efficacement aux revers, notre niveau de « capacité à réagir », est la mesure de notre aptitude à réussir. Lorsque nous subissons un revers ou un problème majeur, nous nous sentons momentanément assommés. Cette sensation ressemble beaucoup à un coup de poing dans le plexus solaire *émotionnel*. Nous sommes immobilisés pendant quelques secondes ou quelques minutes. Pendant cette période, nous nous sentons souvent découragés ou nous nous apitoyons sur notre sort. Nous nous disons : « Pourquoi moi ? »

Ce n'est pas la hauteur de notre chute qui compte, mais la manière de rebondir. Notre objectif est de rebondir aussi vite que possible. La résistance face à des revirements inattendus est essentielle à la réussite à long terme. N'oublions pas le poème du guerrier : « Je me coucherai pour saigner un peu, puis je me relèverai et me battrai à nouveau. »

Ne nous laissons pas surprendre, choquer ou décourager lorsque les choses tournent mal. Nos meilleurs projets tomberont souvent à l'eau. Au contraire, nous devons *nous attendre* à ce que les déceptions et les revers fassent partie de la vie. Il faut respirer profondément, recoller les morceaux et continuer à avancer.

L'optimisme apporte la résistance

La qualité la plus importante pour réussir et persévérer est *l'optimisme*. Il s'agit d'une confiance illimitée en nous-mêmes et en notre capacité à réussir. Pour rester optimiste, nous devons contrôler et discipliner nos pensées lorsque les choses vont mal. Refuser de s'apitoyer sur son sort. Ne pas se prendre pour une victime. Nous sommes adultes, responsables de notre propre vie. Nous faisons ce que nous avons librement choisi de faire. Les revers font partie du voyage, ils ne sont que des ralentisseurs sur la route de la réussite.

Il faut refuser de blâmer les autres ou de chercher des excuses. Lorsque nous nous plaignons ou blâmons les autres, nous nous sentons mesquins et petits, et nous perdons notre force de caractère. Chaque fois que nous critiquons ou que nous nous plaignons, nous nous sentons plus faibles et nous affaiblissons notre capacité à gérer efficacement la situation. Au lieu de cela, accueillons chaque revers en répétant : « Je suis responsable. »

Cherchons les raisons pour lesquelles *nous* sommes responsables de ce qui se passe plutôt que de vouloir rejeter la faute sur les autres.

Être proactif ou réactif

Prendre la ferme décision de se concentrer sur la *solution* et sur ce qui peut être fait *maintenant*, plutôt que sur ce qui s'est passé et sur qui est à blâmer. Penser aux actions que nous pouvons accomplir pour résoudre la situation, plutôt qu'à ce qui a mal tourné et qui est à blâmer.

Pour rester optimiste, nous devons chercher le *bon côté des choses* dans chaque situation. Lorsque nous cherchons ce qui est bon, nous trouvons toujours quelque chose de positif. Et pendant que nous cherchons quelque chose de bien, comme notre esprit conscient ne peut retenir qu'une seule pensée à la fois, nous devenons automatiquement positifs, optimistes et reprenons le contrôle total de la situation.

Cherchons la *précieuse leçon* dans chaque problème ou difficulté. Chaque échec que nous rencontrons contient au moins une leçon qui nous a été adressée pour nous aider à mieux réussir dans l'avenir. La différence entre les personnes qui réussissent et celles qui échouent est simple : les personnes qui échouent s'apitoient sur leur sort lorsque les choses tournent mal, alors que les personnes qui réussissent cherchent la précieuse leçon qu'elles peuvent en tirer et qui les aidera à l'avenir.

Chercher le cadeau

Normal Vincent Peale avait l'habitude de dire : « Lorsque Dieu veut vous envoyer un cadeau, il l'emballe dans un problème. Plus le cadeau que Dieu veut vous envoyer est grand, plus le problème dans lequel il l'emballe est grand. »

Au lieu de se concentrer sur le problème, il faut chercher le *cadeau*. Curieusement, nous le trouverons toujours. Et parfois, le cadeau, ou la précieuse leçon, peut avoir une valeur bien plus grande que le coût du problème lui-même. Parfois, une leçon que nous apprenons en faisant face à un problème peut être la clé de notre réussite à long terme. Comme l'a écrit Napoleon Hill : « Dans chaque problème ou obstacle se trouve la graine d'une occasion ou d'un avantage égal ou supérieur. À vous de la trouver. »

Il faut penser continuellement de soi comme une personne forte, puissante et résolue face à l'adversité. Pendant la Première Guerre mondiale, un général britannique a été décrit par ses supérieurs comme suit : « Il se tient là, comme un piquet en métal, enfoncé dans le sol gelé, inébranlable. »

Cela doit être une représentation exacte de nous chaque fois que nous sommes confrontés à des difficultés ou à des problèmes quels qu'ils soient. Nous devons décider de nous tenir debout, droit comme un piquet en métal enfoncé dans le sol gelé.

Résoudre à l'avance

Lorsque nous nous disons à l'avance que nous n'abandonnerons jamais, notre réussite est pratiquement assurée. En fin de compte, rien ne peut vraiment nous arrêter, sauf *nous-mêmes*.

Dans la vie, peu importe le nombre de fois où l'on est mis à terre, tout ce qui compte c'est le nombre de fois où nous nous relevons. Si nous continuons à nous relever et à aller de l'avant, nous finirons par atteindre notre objectif.

Chaque fois que nous faisons preuve d'autodiscipline pour persévérer face à l'adversité, nous augmentons notre estime de soi et notre confiance en nous. Lorsque notre estime de soi augmente, nous nous aimons davantage, nous nous sentons plus forts, plus puissants et plus indomptables. Lorsque nous

nous sentons mieux et plus forts, nous sommes plus à même de persévérer la fois suivante, et celle d'après.

En nous disciplinant à persévérer face à l'adversité, nous engageons notre vie dans une spirale ascendante d'estime de soi, d'autodiscipline et de persévérance jusqu'à ce que nous devenions imparables.

La persévérance est l'autodiscipline appliquée.

Dans la deuxième partie, nous apprendrons les choses spécifiques que nous pouvons faire pour appliquer ces principes aux domaines pratiques de la vie, afin d'obtenir plus de résultats dans notre travail et notre carrière, et pour atteindre notre plein potentiel dans les mois et les années suivantes.

Exercices Pratiques :

1. Identifiez les domaines de votre vie dans lesquels vous devez persévérer davantage pour atteindre votre objectif et prenez des mesures en conséquence.

2. Définissez un objectif dans votre vie que vous n'avez pas atteint parce que vous n'avez pas réussi à persévérer jusqu'à sa réalisation. Quelles mesures pourriez-vous prendre aujourd'hui pour réussir dans ce domaine ?

3. Définissez un objectif important que vous avez atteint parce que vous avez persévéré et refusé d'abandonner, quelle que soit la difficulté.

4. Choisissez votre but ultime dans la vie, l'objectif qui, si vous l'atteignez, aura le plus grand impact positif sur votre vie.

5. Écrivez-le clairement, établissez un projet détaillé d'action pour l'accomplir, puis dites-vous que « l'échec n'est pas acceptable. »

6. Prenez aujourd'hui la décision de persévérer jusqu'à ce que vous réussissiez, quoi qu'il arrive, parce que : « Je suis imparable. »

7. Prenez la ferme décision de vous fixer et d'atteindre un objectif important, en surmontant les inévitables difficultés, problèmes et revers que vous rencontrerez, et de travailler jusqu'à ce que vous réussissiez. Répétez ce processus encore et encore jusqu'à ce que la persévérance devienne une habitude.

Partie II

L'AUTODISCIPLINE DANS LES AFFAIRES, LA VENTE ET LES FINANCES

Dans cette partie, nous apprendrons comment perfectionner les mesures nécessaires pour rejoindre les 10 % de personnes les plus performantes dans notre domaine. Nous apprendrons comment augmenter notre productivité, nos compétences, notre rendement et nos résultats. Nous apprendrons comment devenir l'une des personnes les plus respectées et les plus estimées de notre entreprise et de notre secteur.

Chapitre 8

L'AUTODISCIPLINE ET LE TRAVAIL

*« On ne naît pas leader, on le devient.
On le devient au prix d'un dur travail, comme pour
chaque chose obtenue dans la vie. »*

— Vince Lombardi

C'est sans doute dans notre travail que l'autodiscipline a le plus d'impact sur notre avenir. Pourtant, si nous sommes comme la plupart des gens, dès le matin, et tout au long de la journée, nous sommes entourés de personnes et d'événements qui nous détournent des tâches les plus importantes. Or, c'est en accomplissant nos tâches les plus importantes que nous progressons vers le sommet dans notre carrière, rapidement et en toute confiance.

La question suivante a été posée à un groupe de cadres supérieurs : « Quelles sont les qualités les plus importantes dont une personne a besoin pour être promue dans votre entreprise ? » 85 % de ces cadres ont répondu que les qualités les plus importantes étaient :

1. La capacité de se fixer des priorités et de travailler sur des tâches de grande valeur, et

2. La discipline pour faire ce travail rapidement et efficacement.

Ces deux qualités sont plus utiles à la réussite professionnelle que tout ce que l'on puisse faire. Un travail appliqué, discipliné et ciblé nous permettra, de manière constante et prévisible, d'accomplir davantage de tâches, d'être mieux payé et d'être promu plus rapidement que la moyenne des gens, tout au long de notre carrière.

Distinguer le travail pertinent du travail hors propos

J'ai mentionné le principe de Pareto - la règle des 80/20 - à plusieurs reprises dans ce livre, et il s'applique à nouveau ici : 80 % de la valeur de ce que l'on accomplit provient de 20 % des choses que l'on fait. Notre travail consiste à identifier les 20 % de tâches les plus importantes, puis à les exécuter vite et bien.

Le chapitre 13 aborde la gestion du temps en détail, mais intéressons-nous avant tout au contraire d'une bonne gestion du temps : une mauvaise gestion du temps. Selon Robert Half International, l'employé ordinaire *perd* environ 50 % de son temps dans des activités non liées au travail :

- 37 % du temps est gaspillé en conversations avec des collègues, sur des sujets personnels, qui n'ont rien à voir avec le travail à accomplir.

- les 13 % de temps restant sont perdus en arrivant tard ou en partant tôt, en prenant de longs déjeuners et des pauses-café, en surfant sur le net, en lisant le journal ou en s'occupant de ses affaires personnelles pendant la journée.

Bien pire, lorsque les personnes qui perdent beaucoup de temps s'installent et se mettent au travail, elles passent trop de temps à des tâches et des activités peu ou pas utiles. De ce fait, elles ne font pas grand-chose et se sentent continuellement contraintes de rattraper le temps perdu.

Hélas, lorsque l'on gaspille du temps au travail, celui-ci ne disparaît pas, il s'accumule encore et encore, comme le poids d'une montagne. Les échéances se rapprochent de plus en plus. Le stress monte jusqu'à ce que l'on se force finalement à faire le travail, généralement à la dernière minute, et que l'on commette des erreurs qui peuvent coûter cher.

Se forger une solide réputation

Pour attirer davantage l'attention des personnes susceptibles de nous aider il n'y a rien de mieux que se forger une réputation de travailleur acharné et discipliné, à chaque instant.

Le salarié ordinaire n'augmente son revenu que d'environ 3 % par an, ce qui correspond à peu près au taux d'inflation ou à l'augmentation du coût de la vie. Cela signifie qu'un employé moyen ne gagne pas vraiment plus d'argent d'une année à l'autre, mais qu'il se contente de couvrir ses dépenses. En revanche, les 20 % de personnes les mieux rémunérées dans la plupart des domaines augmentent leurs revenus de 10 à 25 % par an, ce qui est également cumulé, année après année.

Les 20 % de personnes les plus influentes au travail gagnent 80 % de l'argent. Les 80 % d'employés les moins performants n'ont d'autre choix que de se partager les 20 % d'argent restant. Ils ne font que ramasser les miettes des personnes les plus productives dans leur domaine.

Doubler ses revenus, c'est possible !

Lorsque je dis aux gens qu'ils devraient se fixer comme objectif de « doubler leurs revenus » dans les mois et les années suivantes, les gens ont des réactions différentes. Souvent, à la pause, quelqu'un vient me voir et me dit : « Vous ne connaissez pas mon entreprise. Il n'y a pas la moindre chance que je puisse doubler mes revenus dans cette entreprise, ils ne me paieraient tout simplement pas cette somme d'argent. »

Ayant déjà entendu cela, je leur pose alors la question capitale : « Y a-t-il quelqu'un dans votre entreprise qui gagne deux fois plus que vous ? »

Mon interlocuteur conviendra toujours que « oui, il y a des gens dans mon entreprise qui gagnent deux ou trois fois plus que moi. »

Je fais alors la remarque suivante : « Votre entreprise est donc tout à fait disposée à payer certaines personnes deux fois plus qu'elle ne vous paie. Mais elle n'est pas prête à vous payer deux fois plus. Comment expliquer cela ? »

Puis, cette personne a soudainement une révélation. Elle se rend compte que ce n'est pas l'entreprise qui n'est pas prête à payer plus, c'est elle qui ne contribue pas suffisamment pour mériter cet argent supplémentaire. La responsabilité lui incombe, pas à l'entreprise.

La Loi des 3 aides à définir des priorités

Lorsque nous coachons des entrepreneurs, des cadres ou des propriétaires d'entreprise, nous leur proposons un exercice conçu pour les aider à doubler leur productivité, leurs résultats et leur rendement en 12 mois, voire en 30 jours. C'est tout simple, voici comment cela fonctionne.

Tout d'abord, il faut établir une liste de toutes les choses que l'on fait en une semaine ou en un mois, depuis le moment où l'on commence à travailler le lundi matin jusqu'à la fin de la journée ou de la semaine. Tout noter, les petites comme les grandes tâches, y compris la vérification des e-mails et les réponses aux appels téléphoniques.

Puis, il faut revoir cette liste et se poser cette question fondamentale :

« Si je ne pouvais faire qu'une seule chose sur cette liste, toute la journée, quelle tâche ou activité apporterait le plus de valeur à mon entreprise ? »

En parcourant notre liste, la bonne réponse va probablement nous sauter aux yeux. Quelle qu'elle soit, il faut l'entourer d'un cercle.

Puis, se poser cette deuxième question :

« Si je ne pouvais faire que deux choses sur cette liste, toute la journée, quelle serait cette seconde tâche ou activité ? »

Revoir notre liste et identifier notre deuxième tâche la plus importante en termes de contribution à notre entreprise.

Enfin, se poser à nouveau la question :

« Si je ne pouvais faire que trois choses sur cette liste, toute la journée, quelle serait cette troisième chose ? »

C'est ce que nous appelons la « Loi des 3 ». La loi des 3 stipule qu'il n'y a que 3 choses que l'on fait qui apportent 90 %, voire plus, de notre valeur au sein de notre entreprise ou société. Nous devons identifier ces trois tâches primordiales et *nous discipliner* pour les accomplir *tout au long de la journée*. Toutes nos autres tâches secondaires seront des tâches de soutien, des tâches complémentaires, des tâches agréables ou des tâches inutiles. Il s'agit de petites choses que nous avons souvent pris l'habitude de faire pour éviter inconsciemment les grosses tâches difficiles et importantes qui peuvent faire une énorme différence dans notre travail et notre carrière.

Calculer son taux horaire

Une autre solution pour doubler notre revenu consiste à utiliser la méthode du « taux horaire » pour calculer notre valeur personnelle et notre répartition du temps. Tout d'abord, nous devons déterminer le montant que nous gagnons par heure. Pour ce faire, nous divisons notre revenu annuel par le nombre 2 000 (qui est le nombre moyen d'heures qu'un entrepreneur ou qu'un cadre travaille chaque année dans notre société : 40 heures par semaine x 50 semaines par an).

Par exemple, si nous gagnons 50 000 $ par an, divisé par 2 000, notre taux horaire sera de 25 $. Si nous gagnons 100 000 $ par an, divisés par 2 000, notre taux horaire sera de 50 $.

Quoi qu'il en soit, à partir de ce moment-là, nous devons prendre la décision de ne faire que les choses qui génèrent un salaire horaire égal ou supérieur au nôtre. Il faut refuser de faire les choses que quelqu'un d'autre pourrait faire à un taux horaire inférieur au nôtre. Il ne faut pas perdre son temps à effectuer des tâches de moindre valeur, ou sans valeur du tout, alors que d'autres tâches importantes s'accumulent.

Se mettre d'accord sur les tâches les plus importantes

Une fois que nous avons établi une liste de tous les objectifs pour lesquels nous avons été engagés, et que nous avons défini les trois actions les plus importantes pour justifier notre taux horaire, nous devons présenter notre liste d'actions clé à notre patron et lui demander de planifier notre travail en fonction de ses priorités. Cette démarche est nécessaire car il faut être sûr.

Auteur de *The Rational Manager* et fondateur de la société de conseil Kepner-Tregoe, Benjamin Tregoe a dit un jour : « La pire façon de disposer de son temps est de faire très bien ce qui ne doit pas être fait du tout. »

Il est pourtant surprenant de constater combien de personnes travaillent dur sur des tâches ayant peu ou pas de valeur pour leurs patrons. Peu importe la qualité de notre travail sur une tâche *sans importance*, cela ne nous fait pas avancer. Et puisque le fait de travailler sur des tâches de faible valeur nous empêche de travailler sur les choses les plus importantes, travailler dur dans la mauvaise direction peut en fait *saper* notre carrière.

Les meilleurs jours que nous passerons au travail seront ceux où nous travaillerons sur les tâches que notre patron estime être les plus importantes. Les plus mauvais jours au travail sont ceux où nous sommes en désaccord avec notre patron, où nous ne nous entendons pas, principalement parce que nous n'accomplissons pas les tâches qui sont les plus importantes pour lui et pour sa carrière.

Notre objectif est d'être mieux payé et d'être promu plus rapidement. Notre objectif est de devenir l'une des personnes les plus importantes et les mieux payées dans notre secteur. Notre travail est de nous rendre utiles, puis *indispensables* à notre entreprise. Pour cela, nous devons avant tout travailler en permanence sur les tâches que notre patron considère comme essentielles.

Toujours travailler lorsque nous sommes au travail

La solution pour doubler notre efficacité et notre rendement, et finalement nos revenus, consiste à travailler réellement tout le temps lorsque nous sommes au travail. Quand nous travaillons, il faut *travailler*. Ne pas perdre de temps. Ne pas retarder. Ne pas bavarder avec ses collègues ou s'asseoir pour boire un café. Ne pas lire le journal ou surfer sur Internet. Lorsque nous arrivons au travail le matin, il faut faire profil bas et travailler toute la journée.

Au travail, ceux qui nous font perdre le plus de temps sont les autres qui veulent nous parler, nous distraire, nous retarder et qui finalement nous empêchent de nous consacrer à des tâches importantes. Lorsqu'un individu nous fait perdre notre temps en venant vers nous pour nous demander : « As-tu un instant pour discuter ? » Il faut répondre en disant : « Pas maintenant, mais pourquoi ne pas parler à l'heure du déjeuner, ou après le travail, là je dois terminer cette tâche. *Je dois me remettre au travail.* »

Lorsque nous expliquons aux gens que nous sommes sous pression, que nous devons terminer un travail pour notre patron, ils nous laissent généralement tranquilles. Si nous le faisons assez souvent, ils finiront par prendre l'habitude de ne plus nous déranger et trouveront quelqu'un d'autre avec qui perdre du temps.

Qui travaille le plus dur ? L'enquête secrète

Restons motivés et concentrés en nous disant des mots positifs. Notre devise devrait désormais être : « Au boulot ! Au boulot ! Au boulot ! » Chaque fois que nous nous surprenons à ralentir sur une tâche importante, répétons-nous, encore et encore, les mots magiques « Au boulot ! »

Imaginons qu'une entreprise extérieure effectue une étude sur toutes les personnes qui travaillent dans notre entreprise. Elle remet à chaque personne une liste de tous les employés et demande à chacun de classer ses collègues en fonction de celui qui travaille le mieux, du deuxième qui travaille le mieux, etc.

Elle va ensuite remettre cette liste d'employés, classée de la personne la plus travailleuse à la personne la plus paresseuse, à nos supérieurs. Cette liste sera utilisée pour déterminer qui sera mieux payé et promu plus rapidement que les autres.

Maintenant, imaginons que cette enquête ait déjà été réalisée, mais en secret. Le fait est que, dans toute entreprise, tout le monde sait qui travaille plus que les autres. Tout le monde sait qui travaille moins, et qui ne fait pas son travail. *Chacun le sait*, ce n'est un secret pour personne.

Décidons aujourd'hui que, si un sondage comme celui-ci était réalisé, dans un an, nous « gagnerions » le concours. Prenons aujourd'hui la décision de devenir la personne la plus travailleuse de notre entreprise. Cela nous aidera plus que tout autre chose.

Lorsqu'on est entouré de personnes et de situations qui nous font perdre du temps, il faut faire preuve d'une grande autodiscipline pour travailler tout le temps. Il faut sans cesse lutter contre les tentations et les dérangements et se remettre au travail.

La formule de la réussite

Lorsque j'ai commencé ma carrière dans une grande entreprise, j'étais au bas de l'échelle. Tout le monde était là depuis bien plus longtemps que moi et me devançait dans la hiérarchie de l'entreprise. Même si j'étais jeune trentenaire, je n'avais aucune idée de ce qu'il fallait faire pour progresser dans la rivalité sans merci qui régnait au sein de l'entreprise.

C'est un peu par hasard que je suis tombé sur la formule qui m'a permis de réussir. C'était tout simple. Chaque fois que mon patron me donnait un travail à faire, je le faisais immédiatement. Comme un chien qui court après un jouet qu'on lui lance, je me jetais immédiatement sur la tâche, je l'accomplissais et je me dépêchais de revenir vers mon patron avec le travail terminé.

Il souriait au début et disait quelque chose du genre : « Je n'en avais pas vraiment besoin aussi rapidement, mais merci de l'avoir fait. »

Demander plus de responsabilités

Lorsque j'étais pris par le travail, au lieu de me détendre, j'allais voir mon patron et je lui disais : « Je suis à fond dans mon travail. Je souhaiterais avoir plus de responsabilités. » Ces mots sont devenus ma devise, « Je veux plus de responsabilités. »

Encore une fois, mon patron, qui était accaparé par un très grand nombre de projets, me disait quelque chose comme « Ok, laissez-moi réfléchir à ce que je pourrais vous donner d'autres à faire. »

Chaque jour, comme un vieux disque rayé, j'allais voir mon patron à la fin de la journée pour lui dire : « J'ai fait tout le travail, j'aimerais avoir plus de responsabilités. »

Petit à petit, il commençait à me lancer des « jouets ». Il me donnait une petite tâche à faire pour m'occuper. Peu importe ce que c'était, je me mettais immédiatement au travail, j'accomplissais la tâche et je lui apportais les résultats. Je lui disais alors : « J'ai terminé, je voudrais plus de responsabilités. »

En l'espace d'un an, il me considérait comme son « homme de confiance ». Dès qu'il avait quelque chose à faire rapidement, il passait devant les autres et me le confiait. Il savait que quelle que soit la tâche qu'il me demandait, je la réaliserais immédiatement.

Le temps est essentiel

Un jour, mon patron m'a demandé de prendre l'avion pour Reno en vue de commencer les travaux de développement d'une propriété que la société était en train d'acheter. Il m'a indiqué que je pourrais partir au cours des deux semaines suivantes. Au lieu de cela, je suis parti le lendemain matin. Je suis allé directement voir l'avocat qui s'occupait de la transaction, puis l'ingénieur chargé des travaux de développement. J'ai tout de suite senti que cette acquisition de terrain présentait de sérieux problèmes. Je ne savais pas ce que c'était, mais je suis allé voir chaque personne pour les interroger et recueillir des informations.

En fin de journée, quelques heures avant que cette transaction de 2 millions de dollars ne soit finalisée et que les fonds soient définitivement versés, j'ai découvert qu'on nous avait vendu un terrain qui n'avait pas de point d'eau et qui était donc inexploitable. En raison de lois complexes et de droits riverains limités (c'est-à-dire les droits sur l'eau), la propriété était un terrain sans aucune valeur qui ne pouvait être exploité au cours des cent prochaines années. Si nous avions procédé à l'achat, nous aurions perdu 2 millions de dollars !

J'ai immédiatement interrompu la transaction, exigé que l'avocat me fasse un chèque certifié pour le dépôt des 250 000 $ qui se trouvaient sur son compte en fiducie, et j'ai pris l'avion pour aller raconter toute l'histoire à mon patron. Ce dernier était vraiment très reconnaissant de ce que j'avais fait.

La grande récompense

À partir de ce jour, j'ai obtenu de plus en plus de responsabilités. Au bout d'un an, je dirigeais trois divisions de l'entreprise et j'avais un effectif de 42 personnes dans trois villes. J'ai appris par la suite que mon patron me payait plus que tout ceux qui avaient travaillé pour lui, et ce sur la base des résultats et de la rentabilité.

C'est pourquoi, chaque fois que l'on me demande comment réussir dans les affaires en y mettant vraiment du sien, je donne le même conseil : quoi que votre patron vous donne à faire, faites-le vite et bien. Ensuite, allez demander plus de responsabilités. Et quand vous l'obtenez, faites le travail rapidement et bien jusqu'à ce que vous ayez la réputation d'être la personne qui fait les choses rapidement. Cela vous aidera plus que tout autre chose dans votre carrière.

Payer le prix

Voici une formule simple pour réussir au travail : arriver un peu plus tôt, travailler un peu plus dur et rester un peu plus tard. Cela nous donnera une telle avance sur nos concurrents qu'ils ne nous rattraperont jamais.

Arriver au travail une heure plus tôt, avant que les autres arrivent et utiliser ce temps pour planifier et organiser notre journée et commencer nos tâches les plus importantes. Veiller à ce que, quelle que soit l'heure à laquelle notre patron arrive au travail, nous soyons toujours là à travailler avant son arrivée.

Puis, travailler un peu plus dur. Ne pas perdre de temps. Ne pas bavarder avec ses collègues. Travailler jusqu'à l'heure du déjeuner afin d'être - et de rester - à jour dans ses principales tâches et responsabilités.

Enfin, travailler une heure plus tard que ses collègues. S'ils partent à 17 heures, nous partirons à 18 heures. Utiliser ce temps supplémentaire pour accomplir ses tâches importantes et s'organiser pour le jour suivant.

Lorsque nous arrivons une heure plus tôt, que nous travaillons pendant le déjeuner et que nous travaillons une heure plus tard, nous ajoutons *trois* heures productives à notre journée. Étant donné qu'il n'y a pas d'interruptions lorsque nous travaillons durant ce laps de temps, nous accomplissons en fait 2 ou 3 fois plus de choses que durant nos heures de travail, où nous sommes constamment interrompus par d'autres personnes ou par des appels téléphoniques.

En fait, nous pouvons doubler et même tripler notre productivité, nos résultats et notre rendement en ajoutant simplement ces trois heures à notre journée de travail. La bonne nouvelle est que, en arrivant plus tôt et en partant plus tard, nous ne perdons pas de temps pour autant. Nous évitons simplement les embouteillages et les ralentissements que la plupart des gens endurent sur le chemin du travail.

La formule 40+

Pour réussir plus rapidement au travail, utilisez la « formule 40+ » : nous pouvons savoir où nous serons dans 5 ans en observant le nombre d'heures que nous consacrons aujourd'hui au travail *au-delà* des 40 heures par semaine.

Si nous ne travaillons que 40 heures comme tout le monde, nous ne ferons que survivre. Nos augmentations annuelles seront de 3 ou 4 %. Nous aurons un « emploi », mais notre revenu et nos augmentations progresseront au même rythme que tout le monde.

C'est lorsque nous faisons *plus de 40 heures* que nous nous assurons un réel avantage sur la plupart des autres personnes de notre entreprise et de notre secteur d'activité. Il faut prendre l'habitude de faire plus que ce pour quoi nous sommes payés. Se discipliner pour faire plus que ce que l'on gagne. Chaque heure que nous travaillons au-delà de 40 heures par semaine est un investissement dans la réussite de notre avenir.

Les personnes les mieux payées aux États-Unis, dans tous les domaines, travaillent entre 50 et 60 heures par semaine. Le millionnaire autodidacte moyen travaille 59 heures par semaine. Cela équivaut à cinq journées de 12 heures ou six journées de 10 heures. La plupart des gens qui réussissent, au début de leur carrière, travaillent 6 jours par semaine et parfois 7. Ils travaillent tout le temps. Ils ne perdent pas de temps. Ils réalisent que pour récolter une grande quantité de fruits plus tard dans leur carrière, ils doivent planter beaucoup de graines au début de cette dernière.

Avoir la tête de l'emploi : s'habiller pour réussir

Enfin, il faut se discipliner pour avoir la tête de l'emploi. Ne pas oublier : « Qui se ressemble s'assemble. » Les gens aiment promouvoir les personnes qui leur ressemblent. Nos patrons sont très attachés à l'apparence de leur personnel. Ils aiment promouvoir des personnes qu'ils sont fiers de présenter à leurs amis et collègues. Il est important de s'habiller et de se soigner de telle sorte que notre patron soit fier de nous inviter à déjeuner et de nous présenter aux autres comme représentant de son entreprise.

Chaque matin, avant d'aller travailler, regardons-nous dans le miroir et demandons-nous : « Est-ce que je ressemble à l'une des meilleures personnes de mon secteur ? » Si ce n'est pas le cas, il faut se changer, et continuer à se changer jusqu'à ce que l'on ressemble à l'une ces personnes.

Nous devons apprendre à nous habiller pour réussir. Lire des livres et des articles, ou demander conseil à d'autres personnes. Observer les personnes qui réussissent le mieux dans notre secteur et s'habiller comme elles le font. S'habiller pour un poste qui se situe deux niveaux au-dessus du nôtre. Ne pas oublier que 95 % de la première impression que l'on donne aux autres est déterminée par notre tenue vestimentaire. Veiller à ce que la première impression, puis la deuxième et la troisième soient cohérentes avec le message que nous voulons faire passer.

De nombreuses personnes travaillent toute leur vie sans se rendre compte qu'en faisant un petit effort supplémentaire, en travaillant un peu plus dur, en se concentrant sur des tâches à plus grand rendement, elles pourraient devenir l'une des personnes les plus utiles de leur entreprise. Lorsque nous nous disciplinons pour augmenter continuellement la contribution que nous apportons à notre entreprise, nous accélérons notre carrière et nous nous garantissons un bel avenir.

Dans le chapitre suivant, nous verrons que nos comportements au travail déterminent naturellement notre ascension vers le leadership, et que l'autodiscipline est essentielle à l'épanouissement de notre potentiel de leader.

Exercices Pratiques :

1. Décidez aujourd'hui que vous allez devenir l'une des 20 % de personnes les plus importantes de votre entreprise et de votre secteur d'activité ; que devriez-vous, pourriez-vous faire différemment ?

2. Établissez une liste de tout ce que vous faites dans votre travail, puis relevez les trois tâches qui apportent la plus importante contribution à votre travail et à votre entreprise.

3. Fixez-vous un nouvel horaire de travail et commencez à travailler plus tôt, plus dur et à rester plus tard jusqu'à ce que cela devienne une habitude.

4. Déterminez les résultats les plus importants que vous êtes censé obtenir dans votre travail et travaillez sur ces résultats toute la journée.

5. Trouvez la personne la mieux habillée et la plus soignée de votre entreprise et décidez de l'utiliser comme modèle pour votre propre tenue.

6. Choisissez aujourd'hui de travailler tout le temps que vous êtes au travail, et vous aurez bientôt la réputation d'être la personne qui travaille le plus dur dans votre entreprise.

7. Adoptez un sentiment d'urgence. Décidez d'agir au plus vite lorsque l'on vous confie un travail ou une occasion, cela pourrait changer votre vie.

Chapitre 9

L'AUTODISCIPLINE ET LE LEADERSHIP

« Rien n'est plus nuisible au bon déroulement des choses que le manque de discipline, car c'est la discipline plutôt que le nombre qui confère à une armée sa supériorité sur une autre. »

— George Washington

Le leadership et l'autodiscipline vont ensemble. On ne saurait imaginer un leader efficace dépourvu d'autodiscipline, de volonté, de contrôle de soi et de maîtrise de soi. La principale qualité d'un leader est qu'il a le contrôle total de lui-même et de la situation.

Au cours de l'histoire, il y a rarement eu une période où les leaders étaient aussi nécessaires et aussi demandés qu'aujourd'hui. Nous avons besoin de leaders à tous les niveaux dans la société, tant dans le secteur lucratif que non-lucratif. Nous avons besoin de leaders dans nos familles, nos entreprises, nos lieux de culte, nos organisations communautaires, et surtout en politique. Nous avons besoin d'hommes et de femmes qui prennent leurs responsabilités au sérieux et qui sont prêts à assumer la situation.

Fort heureusement, le leadership *s'apprend*. Les leaders se forment, généralement par eux-mêmes, au fil du temps, en travaillant dur sur eux-mêmes, par l'expérience et la formation. Comme l'a dit Peter Drucker : « Il y a peut-être des leaders nés, mais ils sont si peu nombreux qu'ils ne font aucune différence dans l'ensemble. »

Les 4 étapes du progrès

Au cours de notre carrière professionnelle, nous passons par quatre niveaux d'activité et d'accomplissement. Tout d'abord, nous commençons en tant que simple *employé*, avec des connaissances et expériences limitées. Puis, au fur et à mesure que nous progressons, apprenons et développons notre capacité à obtenir des résultats, nous évoluons vers le haut et devenons un *superviseur*, responsable des performances et des résultats d'autres personnes.

À mesure que l'on monte dans l'échelle de la supervision, que l'on perfectionne sa capacité à obtenir des résultats par l'intermédiaire d'autres personnes, nous passons de la supervision directe du travail des employés à la fonction de *directeur* : quelqu'un qui confie des tâches à des personnes ayant des compétences avérées dans certains domaines. Les directeurs ont une vision plus large et de plus grandes responsabilités.

En gravissant les échelons de la direction, en devenant plus compétent et plus efficace, en obtenant de meilleurs résultats de personnes de plus en plus nombreuses et différentes, nous atteignons le niveau le plus élevé, celui de *leader*. À ce stade, nous sommes responsables de la détermination de *ce qui doit* être fait plutôt que de la manière dont cela doit être fait.

On dit souvent que « certains leaders sont faits, d'autres naissent, et d'autres encore se voient imposer le leadership ». Les leaders apparaissent ou sont promus pour faire face à une situation nécessitant une capacité de leadership. En résumé, le rôle du leader consiste à « assumer la responsabilité des résultats ».

La principale raison pour laquelle les gens sont promus à des niveaux de leadership de plus en plus élevés est qu'ils prouvent leur capacité à obtenir les résultats requis à chaque niveau. Le leader se pose toujours la question suivante : « Quels sont les résultats que l'on attend de moi ? » Il est essentiel de faire preuve de lucidité.

La principale raison pour laquelle les leaders ne sont pas promus, ou même licenciés, est due à leur « manquement à exécuter ». Ils ne font pas les tâches les plus exigeantes que l'on attend d'eux ou n'obtiennent pas les résultats que l'on exige d'eux.

Les leaders sont clairvoyants

Selon James MacPherson, la première qualité du leadership, basée sur 3 300 études de leaders, est la qualité de la *clairvoyance*. Les leaders sont clairvoyants. Ils ont la capacité de se projeter dans l'avenir et de se faire une idée claire de la direction que doit prendre leur entreprise. Ils peuvent également partager cette vision avec les autres et obtenir leur appui pour faire de cette vision une réalité.

On devient un leader lorsqu'on accepte la responsabilité des résultats. On devient un leader lorsqu'on se met à penser, agir et parler comme un leader. On devient un leader lorsqu'on a une *clairvoyance* pour soi et pour l'entreprise, pour sa vie ou pour son secteur de responsabilité.

Il existe des centaines de livres écrits sur le leadership et l'importance de la clairvoyance. Pourtant, ils peuvent se résumer à un seul principe. Un chef militaire a une vision de *victoire*, dont il ne s'écarte jamais. Un chef d'entreprise a une vision de *réussite* pour l'entreprise, fondée sur d'excellentes performances, et il s'y consacre entièrement.

Un leader est une référence

Le leader définit la norme de l'entreprise. Il est impossible pour quiconque dans une entreprise d'avoir une vision plus claire ou d'aspirer à une norme d'excellence plus élevée que le leader. Par conséquent, le leader est le modèle à suivre, celui qui donne le ton et le rythme à tous les collaborateurs de l'entreprise. La personnalité et l'influence du leader ont une incidence sur tous ceux qui lui sont subordonnés dans l'entreprise, le département ou le secteur.

On ne peut pas *remonter* le moral d'une entreprise, il émane du sommet, du leader. Le comportement du leader agit sur le comportement de tout le monde et l'influence. Si le leader est positif, confiant et optimiste, tous les collaborateurs de l'entreprise seront influencés par ce comportement et seront également plus confiants et optimistes.

Donner le ton

Lorsque nous devenons un leader, nous devons nous discipliner pour être « un leader ». Nous devons marcher, donner le ton et agir comme un leader. Nous devenons une personne différente avec des responsabilités différentes.

En gravissant les échelons, nous faisons d'abord partie du personnel, ou de l'équipe de vente, puis lorsque nous devenons directeur, nous faisons partie de la direction. Lorsque nous faisons partie du personnel, notre regard est tourné vers le haut et les côtés. Lorsque nous devenons un leader, notre regard est tourné vers le bas, vers toutes les personnes dont nous sommes responsables.

Le comportement le plus important d'un leader est peut-être de se discipliner pour devenir un *modèle*. Imaginons que tout le monde nous regarde et imite tout ce que nous faisons et disons en fonction de notre comportement.

En tant que leader, nous ne pouvons plus nous permettre de « laisser libre cours à nos émotions ». Dès que nous sommes promus à la direction, nous avons la responsabilité de discipliner et de contrôler nos paroles et nos comportements de manière à obtenir les meilleurs résultats possibles pour notre entreprise et pour nos collaborateurs.

Établir les normes

Le leader établit les normes de comportement, de qualité du travail, d'organisation personnelle, de gestion du temps et de présentation de l'entreprise. Dans les excellentes structures, le leader est la personne que tous admirent et veulent imiter.

En général, le leader travaille plus dur par rapport aux autres collaborateurs de l'entreprise. Le leader semble être plus engagé, plus déterminé, plus courageux, plus clairvoyant et plus persévérant que quiconque. Le leader donne le ton et tout le monde veut l'imiter.

Le leader établit également la norme quant à la façon dont les gens sont traités dans l'entreprise. Lorsqu'il traite les gens avec courtoisie, considération et attention, il fait rapidement savoir que ce sont les normes à respecter.

Fixer des valeurs et des principes

Outre une perspective claire pour l'entreprise, le leader doit avoir un ensemble de valeurs et de principes d'organisation qui guident son comportement et ses décisions. Tous les employés doivent savoir ce que le leader et l'entreprise représentent et ce en quoi il croit. Le travail du leader consiste à exprimer à tout moment cette image d'excellentes prestations, dans le respect de normes éthiques élevées. Il ou elle doit joindre le geste à la parole et mettre en pratique les valeurs et les comportements qu'il ou elle préconise et défend.

Pour un leader, la meilleure norme est la règle d'or suivante : « Fais aux autres ce que tu voudrais qu'ils te fassent. »

Par exemple, lorsque Jack Welch était président de General Electric, il encourageait les directeurs à traiter chaque employé comme si cet employé pouvait être promu au-dessus de lui un jour ou l'autre et qu'il puisse se retrouver à travailler sous les ordres de cette même personne. Une telle façon garantissait que les directeurs traitaient leur personnel avec un profond respect et une grande courtoisie.

Les 7 principes du leadership

Pour être un leader efficace, il existe 7 principes que l'on doit intégrer dans son comportement et ses activités de leadership.

1. Lucidité : c'est peut-être la plus importante des responsabilités qui nous incombent. Nous devons être parfaitement lucides sur qui nous sommes et ce que nous défendons. Nous devons être parfaitement lucides sur notre perspective et sur la direction que nous voulons donner à notre personnel. Nous devons être parfaitement lucides sur les buts et les objectifs de notre entreprise et sur la manière de les atteindre.

Plus précisément, nous devons être parfaitement lucides sur les valeurs, la mission et l'objectif de notre entreprise et sur ce qu'elle représente. Tous ceux qui nous entourent et ceux qui travaillent pour nous doivent savoir exactement pourquoi ils font ce qu'ils font et dans quel but leur entreprise a été créée.

2. Compétence : en tant que leader, nous devons établir une norme d'excellence pour notre entreprise, ainsi que pour chaque collaborateur et chaque fonction de l'entreprise. Notre objectif doit être que notre entreprise soit aussi performante, voire meilleure, que notre meilleur concurrent. Nous devons rechercher en permanence des moyens d'améliorer la qualité de nos produits et services pour nos clients.

3. Engagement : le leader est totalement dévoué à la réussite de l'entreprise et croit fermement que celle-ci est la meilleure du secteur ou qu'elle peut le devenir. Cet engagement passionné envers l'entreprise - et envers la réussite et son succès - motive et inspire les gens à donner le meilleur d'eux-mêmes et à s'investir pleinement dans leur travail.

4. Contraintes : le travail du leader consiste à définir les contraintes ou les facteurs limitatifs qui déterminent la vitesse à laquelle l'entreprise atteint ses objectifs principaux de revenus et de rentabilité. Le leader affecte ensuite des personnes et des moyens pour alléger ces contraintes et supprimer les obstacles qui empêchent l'entreprise d'être l'une des meilleures du secteur.

5. Créativité : le leader est ouvert aux nouvelles idées, de toutes sortes et de toutes provenances. Le leader encourage continuellement les collaborateurs à trouver des moyens plus rapides, plus efficaces, moins chers et plus faciles de produire d'excellents produits et services et de mieux s'occuper des clients.

6. Formation continue : le leader s'engage personnellement à lire, écouter et perfectionner ses connaissances et compétences personnelles en tant que cadre. Le leader doit suivre des séminaires et des cours supplémentaires pour améliorer ses qualités et ses compétences.

En même temps, le leader encourage tous les collaborateurs de l'entreprise à apprendre et à se perfectionner comme une action normale et naturelle de la vie professionnelle. Le leader consacre du temps et des moyens à la formation et au perfectionnement. Le leader sait que les meilleures entreprises ont les personnes les mieux formées. Les entreprises de second rang ont des employés ayant été plus ou moins bien formés. Et les entreprises de troisième rang ont le personnel le moins bien formé - et sont au bord de la faillite.

7. Constance : le leader a l'autodiscipline nécessaire pour être constant, digne de confiance, fiable, calme et prévisible dans toutes les situations. L'un des grands réconforts pour un employé est de savoir que le leader est parfaitement constant et fiable. Un leader efficace ne change pas d'un jour à l'autre. Il n'est pas dépassé par chaque nouvelle situation, problème ou urgence qui se présente. Au contraire, le leader est calme, positif et confiant, surtout sous pression.

L'inévitable crise

La seule chose qui soit inévitable dans la vie d'un leader, c'est la *crise*. Lorsqu'on accède à un poste de leader, nous sommes confrontés à des crises à répétition - imprévisibles, inattendues et souvent capables de nuire gravement à l'entreprise.

C'est dans la crise que le leader fait preuve de sa compétence. En temps de crise, le leader se montre calme, posé, objectif et totalement maître de la situation. Il pose des questions et recueille des informations. Il évalue la situation avec précision et prend les décisions nécessaires pour minimiser les dommages ou réduire les pertes.

Les grands leaders se disciplinent pour cacher leurs craintes et leurs doutes. Ils ne parlent pas de leurs préoccupations à leurs collaborateurs, sachant que cela peut les troubler, voire les démoraliser. Au contraire, le leader pose beaucoup de questions, examine en profondeur les situations afin de bien les comprendre et garde ses sentiments pour lui.

Aux yeux des collaborateurs de l'entreprise, le leader est toujours calme, positif, détendu et en pleine possession de ses moyens, quoi qu'il arrive.

Self-contrôle et Leadership

Il existe un lien direct entre notre capacité à nous discipliner et à maîtriser nos comportements et notre aptitude à diriger. Ce n'est que lorsque nous prouvons aux autres que nous pouvons parfaitement nous contrôler qu'ils ont confiance en nous pour nous placer dans une position de leader et nous y garder.

Le leader est conscient que tout ce qu'il dit à une personne, ou sur une autre personne, est amplifié. C'est pourquoi il encourage et félicite les gens, que ce soit face à eux ou non. Il ne dit jamais un mot négatif qui pourrait être mal interprété ou qui pourrait démotiver ou offenser quelqu'un. S'il rencontre des difficultés avec quelqu'un, il les aborde en huis clos.

Qualités de leadership

Les leaders se disciplinent pour planifier, préparer, organiser et vérifier chaque détail. Ils ne prennent rien pour acquis. Ils posent des questions pour s'assurer qu'ils comprennent parfaitement une situation, un problème ou une difficulté.

Les grands leaders agissent comme s'ils étaient propriétaires de toute l'entreprise. Ils acceptent un niveau élevé de responsabilité personnelle. Le leader ne se plaint jamais, ne trouve jamais d'excuses et ne rejette pas la faute sur les autres lors de problèmes.

Les leaders sont profondément orientés vers l'action. Ils rassemblent les informations avec soin et prennent les décisions qui s'imposent. Ils établissent des mesures et des normes et demandent aux autres de les respecter. Ils insistent pour que le travail soit fait rapidement et correctement.

Les leaders se hissent au sommet

Les leaders accèdent au sommet d'une entreprise, comme la crème dans le lait. Lorsqu'on accepte l'entière responsabilité des résultats, que l'on se concentre sans relâche sur l'accomplissement des tâches les plus importantes, que l'on améliore continuellement ses connaissances, ses compétences et sa capacité à apporter de la valeur à l'entreprise et que l'on traite les autres avec gentillesse et respect, on se révèle être un leader né.

Au fur et à mesure que nous démontrons notre capacité à apporter plus de valeur à notre entreprise, les personnes au-dessus de nous, en dessous de nous et tout autour voudront que nous soyons promus au rang de leader et nous soutiendront lorsque nous atteindrons ce poste. L'un de nos principaux objectifs dans la vie est de marcher, de parler, d'agir et de traiter les autres comme le ferait un leader, jusqu'à ce que notre position soit à la hauteur de nos résultats.

Dans le chapitre suivant, nous apprendrons comment développer et mettre en pratique les disciplines nécessaires pour mieux réussir dans sa vie professionnelle et ses activités.

Exercices Pratiques :

1. Demandez-vous : « Quels sont les résultats que l'on attend de moi ? » et concentrez-vous chaque jour sur l'obtention de ces résultats.

2. Considérez-vous comme le leader de votre entreprise et posez-vous la question suivante : « Quel genre d'entre-

prise serait cette entreprise si tous ses collaborateurs étaient comme moi ? »

3. Créez une vision lucide et stimulante pour vous-même et votre entreprise, fondée sur la réussite et l'excellence des résultats.

4. Déterminez quelles personnes sont les plus importantes dans votre entreprise et comment vous devez vous comporter à leur égard pour qu'elles donnent le meilleur d'elles-mêmes.

5. Décidez à l'avance que, lorsque l'inévitable crise surviendra, vous réagirez de manière calme, contrôlée et intelligente.

6. Définissez précisément les valeurs et les principes auxquels vous croyez et que vous défendez, et partagez-les avec les personnes qui vous entourent.

7. Traitez chaque personne qui vous entoure comme si elle était compétente, précieuse et importante, c'est la clé pour susciter la loyauté et l'engagement dont vous avez besoin en tant que leader.

Chapitre 10

L'AUTODISCIPLINE ET LES AFFAIRES

> *« La faculté d'abnégation dans la quête d'un objectif à long terme, et la volonté de maintenir ce niveau d'abnégation, constituent un remarquable entraînement pour la salle de conférence. »*
>
> — John Viney

Au cours de leur vie, la plupart des gens travaillent dans, ou pour une entreprise, ou encore possèdent une entreprise. Pour réussir dans les affaires, il faut faire preuve d'une grande discipline dans tous les domaines de son activité, petits ou grands. Sans autodiscipline et sans maîtrise de soi dans les affaires, aucune réussite n'est possible

Dans notre économie actuelle, aucun domaine n'exige autant d'autodiscipline que la création et l'exploitation d'une entreprise florissante.

La première loi du commerce est la *rareté*. En règle générale, il n'y a jamais assez de biens pour tous ceux qui en veulent. Plus concrètement, il n'y a jamais assez de clients pour que l'on puisse vendre tout ce que l'on souhaite vendre. Il n'y a jamais assez de chiffres d'affaires pour atteindre tous ses objectifs financiers. Il n'y a jamais assez de bénéfices pour permettre de s'agrandir autant qu'on le souhaite. Et surtout, il n'y a jamais assez de collaborateurs de qualité avec qui travailler pour pouvoir atteindre ses objectifs commerciaux.

La Loi de la Concurrence

Si la première loi du commerce est la rareté, la première loi des affaires est la *concurrence* : il faut être extrêmement concentré et discipliné pour faire le nécessaire afin de convaincre les clients d'acheter ses produits ou services.

Pour survivre et prospérer, nous devons continuellement rivaliser contre toute autre utilisation possible de l'argent que nous demandons pour ce que nous vendons.

La première discipline de la réussite commerciale consiste à offrir un produit ou un service que les gens veulent, dont ils ont besoin et qu'ils acceptent de payer le prix demandé (en concurrence avec toutes les autres entreprises qui veulent le même client).

Nous devons être parfaitement intègres quant à notre gamme de produits/services afin de nous assurer qu'elle est adaptée au marché actuel. En effet, il s'agit d'un domaine où de fausses hypothèses ou de fausses conclusions peuvent conduire à l'échec de l'entreprise. Et cela ne cesse de changer, au fur et à mesure que la concurrence et les goûts des clients évoluent.

Le client a toujours raison

Je discute chaque semaine avec des hommes d'affaires qui sont mécontents de leur niveau de ventes et de rentabilité. Ils insistent pour me dire que leur produit ou service est excellent et que les gens devraient leur acheter davantage. A chaque fois, je leur fais remarquer que, la seule preuve que leur produit ou service est vraiment attrayant ou précieux, est le fait que les gens achètent de leur plein gré, qu'ils rachètent et qu'ils conseillent à leurs amis de l'acheter.

Selon les experts, 70 % de nos décisions commerciales seront erronées au fil du temps. C'est la moyenne. Lorsque nous sommes novices dans le domaine du commerce ou que nous démarrons une nouvelle entreprise, nous nous trompons encore plus souvent. Il n'est pas rare qu'un homme d'affaires se trompe dans 90 % des cas lorsqu'il débute.

Il faut beaucoup d'autodiscipline et de caractère pour accepter de se tromper dans ses suppositions et ses convictions les plus chères. Néanmoins, cette discipline est essentielle si l'on veut minimiser ses erreurs, réduire ses pertes et réorienter ses efforts pour offrir aux clients davantage de choses qu'ils veulent vraiment, dont ils ont besoin et pour lesquelles ils sont aujourd'hui prêts à payer.

Tout investissement commercial et toute création d'entreprise nécessitent de faire preuve de beaucoup d'optimisme. Il faut croire aux possibilités futures de son entreprise et de ses nouveaux produits et services. Il faut avoir une telle confiance dans leurs possibilités de commercialisation que l'on est prêt à prendre des risques financiers et à investir de nombreuses heures, semaines, voire années pour atteindre ses objectifs commerciaux, sans réelle garantie de succès.

En même temps, il faut de la discipline pour réfréner sa confiance, pour rester objectif et réaliste. Un excès de confiance dans les affaires peut conduire à des erreurs commerciales, à des pertes financières, et même à la faillite.

Il faut faire mieux

La nature agressive et déterminée de nos concurrents nous oblige à nous discipliner pour être égaux ou meilleurs que ces derniers, rien que pour survivre. Car après tout, nos concurrents se lèvent tous les matins en pensant à la manière dont ils pourront nous mettre sur la paille. Ils veulent nous piquer nos clients et nos ventes. Ils veulent supprimer notre rentabilité. Ils veulent récupérer le maximum de notre activité. Afin d'avoir plus de chances de réussir face à une telle concurrence, nous devons faire tout notre possible pour être plus malins qu'eux.

Lorsque l'on démarre une entreprise, ou une nouvelle activité au sein d'une entreprise, il faut avoir la discipline de faire des recherches approfondies, en amont. Il faut créer un business plan complet avant de commencer ses activités, puis chaque année par la suite. La discipline de la préparation anticipée peut faire toute la différence entre la réussite et l'échec.

Remettre en question ses convictions

La plupart des idées commerciales ne fonctionnent pas, du moins pas au départ. Comme l'a dit Peter Drucker, « les hypothèses erronées sont à l'origine de tout échec ». L'une des principales raisons de l'échec des entreprises est que le directeur ou le cadre supérieur s'appuie sur des convictions qui ne sont pas vérifiées. Ils supposent que le produit ou le service est excellent par rapport aux autres. Ils supposent qu'ils peuvent vendre un nombre suffisant de ces produits ou services, en réalisant un bénéfice. Ils supposent également que ces bénéfices seront suffisamment importants pour rendre cet investissement en temps et en argent plus avantageux que toute autre utilisation de la même quantité de temps ou de fonds. Toutes ces convictions doivent être soigneusement vérifiées avant de prendre un quelconque engagement définitif.

Selon la Fondation Kaufman sur l'entrepreneuriat, 95 % des entrepreneurs et des chefs de petites entreprises en Amérique gagnent moins de 50 000 dollars par an. Pourquoi ? Non pas parce qu'ils n'ont pas l'énergie, l'intelligence ou la capacité de gagner plus. Le fait même qu'une personne ait le courage et l'ingéniosité de créer une nouvelle entreprise signifie qu'elle possède un niveau de compétence naturelle supérieur à la moyenne.

La raison pour laquelle tant d'entrepreneurs ne réussissent pas et échouent est qu'ils manquent de discipline. Ils n'ont pas la discipline nécessaire pour étudier soigneusement chaque aspect de l'entreprise avant de se lancer. Ils manquent de discipline pour tester leurs convictions et espèrent simplement que tout se passera pour le mieux. *Évitons cela.*

Définir son client idéal

Il est nécessaire de se discipliner pour définir et repérer notre client idéal : la personne exacte qui peut et veut acheter notre produit ou service en quantité suffisante, au prix que nous voulons pratiquer, pour justifier de se lancer dans ce commerce.

La discipline, basée sur les essais, les erreurs et la persévérance, est nécessaire pour développer un plan marketing qui génère un flux régulier et prévisible de nouveaux clients potentiels pour notre entreprise. Pour un marketing efficace, il faut connaître précisément notre avantage concurrentiel et notre proposition de vente unique : qu'est-ce qui fait que notre produit ou service est supérieur et a plus de valeur pour le client que tout autre produit ou service similaire proposé aujourd'hui ?

Nous devons faire preuve de discipline pour développer un système de vente complet, du début à la fin, qui convertit les clients potentiels en clients véritables. Il est étonnant de constater combien d'entreprises partent du principe que le produit ou le service se vendra tout seul, qu'elles disposent ou non d'un système de vente de qualité !

Connaître ses coûts réels

Nous devons avoir la discipline nécessaire pour déterminer les coûts exacts et la tarification adéquate de nos produits et services. Si WalMart est devenu aux États-Unis le plus grand magasin de l'histoire, c'est en grande partie grâce à son expertise dans ce domaine. Il est surprenant de constater combien d'entreprises vendent des produits et des services à perte parce qu'elles n'ont jamais calculé avec précision tous les coûts liés à la mise sur le marché de ces produits ou services. Nous connaissons tous le vieux dicton : « Nous perdons de l'argent sur chaque article que nous vendons, mais nous essayons de nous rattraper sur le volume ». De toute évidence, ce n'est pas possible !

Nous avons besoin d'un système de contrôle qualité pour garantir que chaque produit ou service que nous vendons est d'une qualité irréprochable, de sorte que nos clients soient si satisfaits qu'ils reviendront chez nous avec plaisir et en parleront à leurs amis.

Nous voulons avoir la discipline nécessaire pour instaurer un service clientèle efficace, de telle sorte que nos clients nous soient fidèles et nous préfèrent à tous nos concurrents.

Le but d'une entreprise est de satisfaire ses clients

Quel est l'objectif d'une entreprise ? L'objectif d'une entreprise est *d'obtenir et de conserver un client* de manière profitable. Les bénéfices ne sont *pas* le but d'une entreprise. Les bénéfices sont le résultat obtenu *en ayant et en gardant un nombre suffisant de clients,* qui génèrent un nombre suffisant de bénéfices après déduction des frais.

Quelle est la principale caractéristique de la réussite d'une entreprise ? Réponse : la *satisfaction du client.* Tous les efforts et initiatives de notre entreprise doivent viser à mieux satisfaire nos clients que nos concurrents le font.

Quelle est la caractéristique pour la satisfaction du client ? Réponse : *la fidélisation.* Lorsque les clients *rachètent* chez nous cela montre que nous avons tenu nos engagements lors de leur premier achat. Une nouvelle vente à un client satisfait nécessite dix fois moins de temps et de dépenses qu'une vente à un tout nouveau client. Toutes les entreprises qui réussissent s'appuient sur la fidélisation des clients, grâce au niveau élevé de satisfaction de ces derniers. Il s'agit là d'une véritable discipline.

Quelle est la clé de la rentabilité à long terme ? Réponse : les *recommandations et les références.*

La véritable question qui détermine la réussite ou l'échec à long terme de son entreprise est la suivante : « D'après votre expérience avec nous, nous recommanderiez-vous à d'autres personnes ? »

La seule façon de subsister et de prospérer est de faire en sorte que la majorité de nos clients soient tellement satisfaits de nos produits et services qu'ils encouragent leurs amis et leurs associés à acheter chez nous également. Puisqu'il est 15 fois plus facile de vendre un produit à un client satisfait qu'à un nouveau client (ce qui signifie que le coût n'est que de 1/15e), la fidélisation est la clé de notre avenir. Nous devons avoir une grande discipline et beaucoup de rigueur pour élaborer et maintenir un service clientèle qui incite les gens à acheter chez nous, à racheter et à nous recommander à leurs amis.

Être exigeant

Il nous faut faire preuve de discipline pour fixer des normes d'excellence dans tous les domaines de notre activité, puis nous efforcer sans cesse de nous améliorer. Nous devons pratiquer la formule ACESC, qui signifie « amélioration continue et sans cesse ». Quel que soit le niveau de qualité que nous atteignons aujourd'hui, nous ne devons jamais être satisfaits. Nous devons continuellement mettre la barre plus haute, pour nous-mêmes et pour tous ceux qui sont dans notre domaine de compétence.

Nous devons faire preuve d'autodiscipline pour travailler de longues et dures heures, pendant de nombreux mois, voire des années, afin d'atteindre le sommet dans notre secteur. En moyenne, un chef d'entreprise, un patron ou un millionnaire américain travaille 59 heures par semaine. Certains chefs d'entreprise travaillent 70 à 80 heures par semaine au cours des premières années de création de leur entreprise. Il faut être préparé à se discipliner pour travailler aussi dur si nous voulons être les meilleurs et atteindre les sommets dans nos domaines.

Penser à la solution

Pour réussir dans les affaires, il faut avoir l'autodiscipline nécessaire pour être *proactif* plutôt que réactif. Il faut se concentrer sur les *solutions* plutôt que sur les problèmes. Il faut se concentrer sur *la chose la plus importante* que l'on puisse faire, à toute heure du jour, plutôt que de se laisser distraire par des tâches et des activités sans importance ou à faible valeur ajoutée.

Surtout, il faut faire preuve d'autodiscipline pour s'installer sur une longue durée, pour adopter une perspective à long terme dans sa vie professionnelle. Compte tenu de la forte concurrence, il faut de nombreuses années d'efforts disciplinés pour réussir en affaires, que ce soit dans sa propre entreprise ou en travaillant pour quelqu'un. Il n'y a pas de raccourcis. Il n'y a pas de moyens faciles pour arriver au sommet. Il n'y a qu'un seul moyen, et c'est le travail acharné, la discipline et la volonté.

Il faut environ deux ans pour atteindre un seuil de rentabilité dans une nouvelle entreprise. Il faut encore deux ans de flux de trésorerie positifs pour rembourser l'argent que l'on a emprunté au cours des deux premières années. Il faut ensuite encore 3 ans, en moyenne, avant de connaître une véritable réussite. Par ailleurs, tout coûte deux fois plus cher et prend trois fois plus de temps.

Compte tenu de ces statistiques, pourquoi devrions-nous créer notre propre entreprise ou nous lancer dans une nouvelle aventure commerciale ? Parce que le temps passe inévitablement ! Après tout, dans 5 ans, nous aurons 5 ans de plus ; dans 10 ans, nous aurons 10 ans de plus. À la fin de cette période, nous serons soit au sommet dans notre secteur, soit encore parmi les 80 % qui se battent pour chaque dollar et s'inquiètent de l'argent chaque jour. C'est à nous de choisir. La clé, c'est la discipline.

Dans le prochain chapitre, nous apprendrons la discipline qui permet de contrôler l'élément vital de notre entreprise : la vente. En définitive, comme l'a dit Peter Drucker, « le but d'une entreprise est de générer et de conserver un client. »

Exercices Pratiques :

1. Prenez du recul et analysez tous les aspects de votre entreprise, comme si vous étiez un consultant externe ; quels changements recommanderiez-vous ?

2. Imaginez que vous deviez recommencer votre activité aujourd'hui. Y a-t-il des produits ou des services que vous ne proposeriez pas sur le marché actuel ?

3. Définissez les 20 % de vos produits et services qui représentent 80 % de vos ventes et de vos bénéfices. Comment pourriez-vous en vendre davantage ?

4. Projetez votre entreprise dans 1, 2 et 5 ans. Quelles sont les tendances ? Qu'achèteront vos clients à l'avenir ?

5. Citez 3 façons d'améliorer votre service clientèle pour fidéliser les clients et qu'ils en parlent à leurs amis.

6. Citez 3 moyens qui vous permettraient d'attirer davantage de clients potentiels grâce à vos activités de marketing et de publicité.

7. Citez 3 moyens qui vous permettraient de réaliser davantage de ventes auprès des clients potentiels que vous attirez, ou qui vous permettraient d'attirer des clients potentiels plus nombreux et de meilleure qualité.

Chapitre 11

L'AUTODISCIPLINE ET LA VENTE

« Il ne se passe rien tant qu'une vente n'a pas eu lieu. »

— Red Motley

La vente est l'élément le plus important de la réussite commerciale. Il ne se passe rien tant qu'il n'y a pas de vente. Toutes les manufactures, tous les commerces, tous les bureaux et tous les producteurs de biens et de services ne se mettent en marche que lorsque quelqu'un, quelque part, effectue une vente.

La vente est l'un des métiers les plus difficiles en Amérique. C'est aussi la seule profession où une personne peut commencer avec des compétences limitées et atteindre l'un des revenus les plus élevés de notre économie. Progresser dans la vente est comme conduire sur une autoroute en Allemagne : il n'y a pas de limites de vitesse. On peut aller aussi loin et aussi vite qu'on le souhaite en appuyant sur l'accélérateur de son ambition et de sa détermination pour exceller dans la profession de vendeur.

Réussite ou échec de l'entreprise

Au fil des ans, des centaines d'entreprises en faillite ou insolvables ont été examinées afin de comprendre les raisons de leur échec. Après avoir trié et étudié toutes les données, il est apparu que pratiquement toutes les faillites d'entreprises se résumaient à une seule raison : « Faibles ventes ». En revanche, lorsqu'une entreprise réussissait, se développait, était rentable, augmentait le prix de ses actions et offrait des occasions à un nombre croissant de personnes, un seul facteur ressortait : « Des ventes élevées ». Tout le reste était secondaire.

Toutes les actions que nous entreprenons dans une entreprise augmentent ou diminuent les ventes. *Tout* peut aider ou nuire. *Tout* peut soit attirer et fidéliser des clients, soit les faire fuir. En matière de ventes, *tout* est important.

La discipline de générer des ventes

Que l'on soit vendeur ou chef d'entreprise, il faut faire preuve d'autodiscipline pour se concentrer sur la vente à *chaque heure de chaque jour*.

Un groupe de chercheurs a en effet interrogé plusieurs centaines de cadres supérieurs et de chefs d'entreprise pour leur demander : « Quelle est l'importance de la vente et du marketing pour votre entreprise ? » Sans exception, ils ont tous répondu : « La vente et le marketing sont indispensables à notre survie et à notre croissance ».

Les chercheurs ont ensuite mené une étude de temps et de mouvements de ces mêmes chefs d'entreprise et cadres, en les accompagnant et en suivant leur emploi du temps sur une période d'un mois. Au terme de cette période, ils ont constaté que : le chef d'entreprise ou le cadre supérieur moyen - qui affirmait que les ventes étaient « indispensables » à la survie et à la croissance - ne consacrait *que 11 %* de son temps à la vente et au marketing. Tout le reste du temps était consacré à des réunions, des discussions, de la paperasse, du travail administratif, des déjeuners et toute une série d'autres activités qui ne contribuaient *en rien* à la génération de ventes.

Si l'on est directeur commercial ou chef d'entreprise, il faut se discipliner et consacrer tout son temps et toute son énergie à pousser ses vendeurs pour qu'ils génèrent les ventes dont dépend l'entreprise. Il faut passer 75% de *son temps* à coacher ses vendeurs et à les accompagner chez les clients pour faire des présentations et des ventes. Faire sa paperasse avant ou après le travail, mais pendant les heures de travail, lorsque les clients sont disponibles, il faut se concentrer entièrement sur la réalisation de ventes.

Comment fait-on faillite

Il y a maintenant quelques années, j'ai lancé une nouvelle entreprise. J'ai mis au point le produit, puis j'ai commencé à faire de la publicité par courrier direct et divers médias, comme la radio, la télévision et les journaux. Je me suis laissé submerger par la préparation, la paperasse et les activités publicitaires. À la fin de l'année, je n'avais plus d'argent et mon entreprise était au bord de la faillite.

J'ai alors réalisé que j'avais perdu de vue mon objectif, la vente. Pendant les fêtes de Noël, je me suis penché sur un processus complet de vente. Le 2 janvier, j'ai décroché le téléphone pour prendre des rendez-vous. Au cours des deux mois suivants, grâce à une activité de vente agressive et ciblée, j'ai réalisé plus d'affaires que toute l'année précédente. J'ai sauvé mon entreprise - et ma maison - et je n'ai plus jamais oublié cette leçon.

L'une des questions les plus importantes à se poser en tant que vendeur, entrepreneur ou chef d'entreprise est la suivante : « Ce que je fais en ce moment précis mènera-t-il à une vente ? » Nous devons nous poser cette question plusieurs fois dans la journée. Chaque fois que la réponse est « non », il faut immédiatement arrêter ce que l'on est en train de faire, qui est de moindre importance, et porter son attention sur la réalisation de ventes. Il faut s'assurer que toutes personnes responsables des ventes dans notre entreprise se posent cette question et y répondent par l'affirmative tout au long de la journée.

Surmonter sa peur du rejet

En supposant que nous ayons un produit ou un service attirant, à un prix raisonnable et adapté au marché actuel, le plus gros problème auquel sont confrontés les vendeurs est le *rejet*. La peur du rejet contribue plus que tout autre facteur à compromettre une carrière de vendeur et à saper les activités de vente. C'est le principal obstacle à la réussite des ventes.

Les vendeurs doivent faire preuve d'une grande discipline pour se lever chaque matin et affronter le rejet inévitable auquel ils vont être confrontés toute la journée. La majeure partie des gens ne supportent pas ce rejet continu. Pour éviter la douleur émotionnelle qui accompagne le rejet, de nombreux vendeurs s'engagent dans une série de tâches de « détournement » pour éviter d'être rejetés.

Tout d'abord, ils passent *moins* d'appels. Selon l'université de Columbia, le vendeur ordinaire travaille environ 90 minutes par jour. Autrement dit, seulement 1 ½ heure sur une journée de 8 heures. Il passe le reste du temps à se préparer, à traiter la paperasse, à consulter internet, à lire le journal, à discuter avec ses collègues, à arriver tard, à partir tôt, à prendre des déjeuners prolongés et des pauses-café. Encore une fois, à la fin de la journée, *le vendeur n'a travaillé en moyenne que 90 minutes.*

Augmenter le temps passé face aux clients et aux clients potentiels

Quand un vendeur travaille-t-il ? Le vendeur ne travaille que lorsqu'il est au téléphone ou en face d'une personne susceptible d'acheter dans un délai raisonnable.

La clé pour réussir dans la vente peut se résumer en quelques mots : « Passez plus de temps avec les vrais clients potentiels ». Il n'y a pas d'autre moyen de générer un niveau élevé, constant et prévisible de ventes.

Par peur du rejet, les vendeurs procrastinent tout au long de la journée, faisant tout leur possible pour éviter de se retrouver face à des personnes susceptibles de leur dire « non ! »

La clé pour réussir dans la vente, comme je l'ai appris lorsque j'étais jeune vendeur, est de comprendre que *le rejet n'a rien de personnel.* Les clients potentiels disent toujours des choses comme « Non, je ne suis pas intéressé » ou « Je n'en veux pas, je n'en ai pas besoin, je ne peux pas l'utiliser, je ne peux pas me le permettre, je ne suis pas sur le marché en ce moment, ou encore, je suis satisfait de mon fournisseur actuel ».

Le vendeur professionnel sait qu'il s'agit simplement de réactions normales et naturelles à toute offre commerciale sur un marché concurrentiel. Là encore, cela n'a *rien* de personnel.

Rester positif et optimiste

La clé pour réussir dans la vente est de supprimer la peur du rejet, de devenir si confiant et optimiste que l'on puisse passer des appels à longueur de journée tout en restant positif et de bonne humeur. Comme l'a dit Winston Churchill, « Le succès c'est d'aller d'échec en échec sans perdre son enthousiasme. »

Il y a un lien direct entre le nombre de nouveaux contacts clients que l'on établit et le niveau des ventes. Si l'on veut augmenter le nombre de ventes, il suffit de *se discipliner pour appeler davantage de clients potentiels.*

Lorsque nous augmentons nos niveaux d'activité commerciale, nous déclenchons la loi des probabilités pour qu'elle agisse en notre faveur. Nous nous appuyons sur la loi des probabilités. Nous « faisons le calcul » pour garantir la réussite.

Comment doubler nos recettes de vente

Mettre en pratique le « principe des minutes » dans notre travail de vente. Ce principe indique que, si nous gagnons tout cet argent avec le nombre de minutes que nous passons en face des clients aujourd'hui, en augmentant ce nombre de minutes, nous pouvons aussi augmenter nos ventes.

Nous encourageons les commerciaux externes à doubler le nombre de minutes qu'ils passent en tête-à-tête avec les clients. Nous leur enseignons à utiliser toute leur intelligence et créativité pour augmenter le temps qu'ils passent avec des clients potentiels, au lieu de suivre le chemin de la facilité et se laisser distraire, retardant ainsi leur entrée sur le marché.

Presque chaque fois qu'un vendeur double le nombre de minutes qu'il passe en tête-à-tête, ou au téléphone, avec les clients, ses ventes doublent également. Ce n'est pas un hasard. C'est basé sur une loi : la loi des probabilités.

Contrôler ses ventes

Nous savons rarement d'où viendra notre prochaine vente. Par conséquent, nous devons « ratisser large » et parler à autant de clients potentiels que possible.

Nous ne pouvons pas contrôler la vente elle-même. Elle est contrôlée par une série de facteurs contre lesquels nous ne pouvons pas faire grand-chose. Mais les actions qui conduisent à la vente sont entièrement sous notre contrôle. La règle est la suivante : « Faites ce que vous pouvez, comme vous le pouvez, où vous le pouvez ».

Pour atteindre un haut niveau de réussite dans la vente, il faut se discipliner pour planifier ses journées et ses semaines à l'avance. Nous devons nous discipliner pour planifier nos opérations de vente, en particulier nos opérations de prospection, tous les jours, et nous forcer à mettre en pratique nos projets et nos résolutions.

Améliorer ses rapports

Dans la vente, il existe un certain nombre de rapports qui déterminent en grande partie le volume des ventes que l'on réalise. Ces rapports varient en fonction de notre niveau d'expérience et de compétence, de la concurrence, des prix de nos produits ou services, et du marché en général. Mais néanmoins, ces rapports existent bel et bien :

- Il existe un rapport direct entre le nombre de *démarchages téléphoniques* que l'on effectue et le nombre de *clients potentiels* auxquels on peut s'adresser ou que l'on peut rencontrer.

- Il existe un rapport direct entre le nombre de *clients potentiels* que l'on voit ou à qui l'on parle et le nombre de *clients potentiels* à qui l'on peut donner suite.

- Il existe un rapport direct entre le nombre de personnes *à qui l'on donne suite* au moyen de propositions et de présentations et le nombre de ventes que l'on *conclut*.

Nous pouvons également considérer cela comme un « entonnoir de vente » :

- Nos clients potentiels entrent par le haut de l'entonnoir, c'est-à-dire par l'extrémité large.

- La deuxième partie de notre entonnoir est représentée par nos présentations.

- Et la troisième partie de l'entonnoir est celle où l'on assure le suivi et où l'on conclut la vente.

Les clés de la réussite commerciale

Nous avons 2 responsabilités, en termes de réussite commerciale :

1. **Premièrement, maintenir l'entonnoir plein.** Toujours avoir plus de clients potentiels à appeler que l'on a de temps dans la journée. Ne jamais laisser son entonnoir se vider. Ne *jamais* manquer de clients potentiels.

2. **Deuxièmement, s'améliorer à chaque étape de la vente.** Il faut étudier, lire, écouter des programmes audio et améliorer ses compétences en matière de prospection, de présentation et de conclusion des ventes. Plus l'on s'améliore, moins on a besoin de clients potentiels en haut de l'entonnoir pour générer des ventes en bas de l'entonnoir.

Il faut se discipliner pour passer notre premier appel tôt le matin, vers 7 ou 8 heures. Si nous commençons notre journée par un appel de vente en tête-à-tête, nous aurons plus d'énergie et de motivation pour continuer à vendre toute la journée. Disciplinons-nous pour regrouper nos appels dans une petite zone géographique afin de pouvoir ensuite rencontrer plus de personnes en un temps plus court. Par peur du rejet, de nombreux vendeurs répartissent leurs appels sur une grande zone géographique et se persuadent qu'ils travaillent alors qu'ils ne font que conduire d'un endroit à l'autre.

N'oublions pas : nous ne travaillons *que* lorsque nous sommes en contact direct avec une personne qui pourrait et voudrait acheter dans un délai raisonnable. Le reste du temps, nous sommes des « chômeurs ».

Se montrer plus exigeant envers soi-même

Nous devons nous discipliner pour agir, à chaque minute de la journée, comme si tout le monde nous regardait. Les commerciaux externes doivent faire preuve d'une plus grande discipline que les personnes qui travaillent dans un bureau où tout le monde peut les voir, car ils sont seuls, comme des combattants dans la jungle des ventes. La tentation de se relâcher, de se la couler douce, d'aller prendre un café ou un déjeuner, plutôt que de passer des appels de vente, est toujours présente.

Pour fournir le meilleur de nous-mêmes, nous devons nous *discipliner* pour travailler tout au long de la journée comme si notre responsable des ventes nous accompagnait. Imaginons que notre responsable des ventes soit assis à côté de nous toute la journée. Comment travaillerions-nous si quelqu'un nous suivait et observait tout ce que nous faisons au cours de la journée ? Quelle que soit notre réponse, c'est ainsi que nous devons travailler, même si personne d'autre n'est là.

Toutes les compétences de vente s'apprennent

Pour devenir l'un des vendeurs les mieux payés de notre secteur, il faut se discipliner pour se perfectionner en permanence sur le plan personnel et professionnel. Lire tous les jours des ouvrages dans notre domaine. Écouter des programmes audio instructifs dans notre voiture en conduisant. Assister à tous les séminaires de vente que nous pouvons, qu'ils soient financés ou non par notre entreprise. Se consacrer à l'apprentissage continu comme si notre avenir en dépendait. Car c'est bien le cas.

Le moment décisif de ma vie, alors que j'étais un jeune vendeur, frustré et malheureux, tournant en rond et gagnant à peine de quoi vivre, a été lorsque j'ai compris la loi de cause à effet. J'ai appris que « si nous faisons ce que les vendeurs les plus performants font, encore et encore, il n'y a rien qui puisse nous empêcher d'obtenir les mêmes résultats et récompenses qu'eux. »

J'ai compris que tous les vendeurs qui font partie des tops 10 % ont commencé dans les 10 % les plus bas. Toute personne qui réussit aujourd'hui était à un moment donné en difficulté. Toute personne au sommet de son secteur n'était pas du tout dans ce secteur et ne savait même pas qu'il existait.

J'ai appris que toutes les compétences de vente s'*apprennent*. Nous pouvons apprendre n'importe quelle compétence de vente dont nous avons besoin pour atteindre n'importe quel objectif de vente que nous nous fixons. Il n'y a pas de limites, sauf celles que nous nous imposons avec nos propres idées.

Lorsque nous nous disciplinons pour devenir l'un des meilleurs vendeurs de notre secteur, nous réalisons que nous avons franchi un cap important dans notre carrière. La plupart des vendeurs ne font que le strict nécessaire pour conserver leur emploi. Mais les personnes qui décident de devenir les meilleurs dans leur domaine accomplissent bien plus que n'importe qui d'autre. Notre mission est d'être l'une d'entre elles.

Dans le prochain chapitre, nous parlerons de l'argent et de comment la pratique de l'autodiscipline dans ce domaine peut fortement augmenter nos chances d'atteindre tous nos objectifs financiers.

Exercices Pratiques :

1. Considérez-vous comme le directeur de votre propre société de vente, entièrement responsable des résultats de vente. C'est l'attitude des vendeurs les mieux payés.

2. Établissez des objectifs de revenus clairs et écrits pour vous-même pour l'année à venir, et pour chaque mois de l'année.

3. Définissez ensuite *précisément la quantité* de votre produit ou service que vous devrez vendre pour obtenir le revenu souhaité.

4. Définissez le nombre de *ventes individuelles* que vous devrez effectuer, en fonction de la quantité moyenne de vente et du montant de la commission perçue.

5. Définissez le nombre de clients potentiels que vous devrez appeler, sur la base de votre expérience actuelle, pour réaliser ce nombre de ventes.

6. Consacrez-vous à l'amélioration continue des ventes en lisant chaque jour, en écoutant des programmes audio dans votre voiture et en participant à des séminaires de vente.

7. Passez chaque minute de chaque jour de vente à être en face des personnes qui pourraient et voudraient acheter chez vous dans un avenir proche.

Chapitre 12

L'AUTODISCIPLINE ET L'ARGENT

« Après avoir lu la biographie de grands hommes, j'ai compris que la première victoire se remportait sur soi-même... L'autodiscipline vient toujours en premier. »

— Harry S. Truman

Si on en croit les statistiques du secteur des assurances, sur 100 personnes qui commencent à travailler à 21 ans, lorsqu'elles atteindront 65 ans, 1 sera riche, 4 seront financièrement indépendantes, 15 auront un peu d'argent de côté et les 80 autres travailleront encore, seront fauchées, dépendront de leur retraite ou seront mortes.

La plupart des baby-boomers envisagent aujourd'hui de travailler jusqu'à 70 ans : pourquoi ? Parce qu'ils n'ont pas assez d'argent de côté pour arrêter de travailler.

La première raison des difficultés financières dans la vie est le manque d'autodiscipline, de maîtrise de soi et de contrôle de soi. Le manque d'autodiscipline se traduit par l'incapacité à retarder les satisfactions à court terme. Les gens ont tendance à dépenser tout ce qu'ils gagnent et même un peu plus, généralement en recourant à des prêts et aux cartes de crédit.

De nos jours, le taux d'épargne en Amérique est trop faible pour permettre l'indépendance financière. Après une vie de travail, la famille américaine moyenne ne dispose que de quelque 8 000 dollars de patrimoine net. Les gens continuent à dépenser et à emprunter comme s'il n'y avait pas de lendemain.

Heureusement, nous vivons l'époque la plus riche de toute l'histoire de l'humanité. Aujourd'hui, le nombre d'occasions de s'enrichir et de prospérer est plus important, pour un plus grand nombre de personnes et de manières différentes, que jamais auparavant. Il n'a jamais été aussi simple pour nous d'atteindre l'indépendance financière qu'aujourd'hui. Mais nous devons prendre la ferme décision de le faire et respecter cette décision.

Les causes de l'échec financier

La principale cause des problèmes financiers de la plupart des gens n'est pas liée à un faible revenu. Dans leur livre *Le Millionnaire d'à côté*, Thomas Stanley et William Danko montrent que deux familles vivant dans la même rue, dans une maison de même taille et occupant le même emploi, peuvent avoir des situations financières tout à fait différentes. À l'âge de 45 ou 50 ans, le couple de la première maison sera financièrement indépendant, tandis que le couple d'à côté sera très endetté et aura du mal à rembourser ses emprunts.

La cause n'est *pas* la quantité d'argent qu'ils gagnent. La raison est le *manque d'autodiscipline* et *l'incapacité à reporter les satisfactions*. Pourquoi cette faiblesse de caractère est-elle si répandue chez la majorité des adultes dans la société actuelle ? Cela remonte à la petite enfance.

Lorsque nous étions enfants et que nous recevions des sous (qu'il s'agisse de notre argent de poche ou d'un cadeau), la première chose que nous voulions faire était de dépenser cet argent en bonbons. Les bonbons...c'est sucré. Les bonbons... c'est délicieux. Les bonbons emplissent notre bouche d'une merveilleuse sensation sucrée. Nous aimions les bonbons dans notre enfance, et nous en avions très rarement assez. Beaucoup d'enfants mangent des bonbons jusqu'à s'en rendre physiquement malades parce qu'ils sont si bons.

En grandissant, nous avons développé ce que les psychologues appellent une « réponse conditionnée » dès que nous recevons de l'argent, quelle que soit la source. Comme le chien de Pavlov, lorsque nous recevons de l'argent, nous salivons mentalement à l'idée de le dépenser pour une chose qui nous rend heureux, au moins temporairement.

Dépenser rend heureux

Lorsque nous atteignons l'âge adulte et que nous gagnons ou recevons de l'argent, cette réaction automatique persiste. Notre première pensée est : « Comment puis-je dépenser cet argent pour me faire plaisir tout de suite ? »

Dès notre première paie, la toute première chose à laquelle nous pensons est de savoir comment dépenser l'argent que nous avons gagné, et chaque centime que nous pouvons utiliser avec une carte de crédit, pour acheter des vêtements, des voitures, des produits de beauté, des sorties, des divertissements, des voyages et tout le reste. Notre formule mentale est la suivante : argent = plaisir.

Lorsque nous sommes en vacances, quel que soit l'endroit, nous pouvons remarquer que les hôtels et les rues sont bordés de boutiques vendant des bibelots et babioles inutiles, ainsi que des vêtements, des œuvres d'art et autres articles que nous n'achèterions jamais chez nous. Pourquoi ? C'est simple. Lorsque nous sommes en vacances, nous sommes heureux. Comme nous sommes conditionnés à associer le bonheur à la dépense d'argent, plus nous sommes heureux, plus nous sommes inconsciemment poussés à sortir et à dépenser de l'argent pour tout et n'importe quoi.

Souvent, lorsque les gens sont malheureux ou frustrés pour une raison quelconque, ils vont faire du shopping. Inconsciemment, ils associent le fait d'acheter quelque chose au fait d'être heureux. Lorsque les choses ne fonctionnent pas comme prévu, ils dépensent. Parfois, les personnes malheureuses font des achats compulsifs. Elles achètent beaucoup de choses dont elles n'ont pas vraiment besoin parce qu'elles associent inconsciemment les dépenses au bonheur.

Une fois adulte, lorsque l'on reçoit un salaire, une prime, une commission, un remboursement d'impôts, un prix ou un héritage, la première chose à laquelle on pense est de dépenser cet argent le plus vite possible, en se faisant le plus plaisir possible.

Changer ses réactions face à l'argent

Pour parvenir à l'indépendance financière, il faut d'abord se discipliner et *changer* son rapport à l'argent. Nous devons entrer dans notre subconscient et débrancher le fil qui relie les « dépenses » au « bonheur ». Puis, reconnecter ce fil du « bonheur » à celui de « l'épargne et de l'investissement ».

A partir de ce moment-là, au lieu de penser « Je suis heureux quand je dépense de l'argent », on pensera « Je suis heureux quand *j'économise* de l'argent. »

Pour consolider cette nouvelle façon de penser, il faut ouvrir un « compte de liberté financière » dans notre banque. Il s'agit du compte sur lequel nous déposons de l'argent pour le long terme. Une fois que notre argent est sur ce compte, nous devons décider que nous ne le dépenserons jamais autrement que pour atteindre la liberté financière.

Si nous voulons économiser pour acheter un bateau ou une voiture, on ouvrira un compte séparé à cet effet. Mais notre compte de liberté financière est intouchable. Nous n'y toucherons jamais, sauf pour investir ces fonds de manière à obtenir un meilleur rendement.

Associer le bonheur à l'épargne - et voir son argent augmenter

Lorsque l'on entreprend d'épargner de cette manière, quelque chose de miraculeux se produit en nous. Nous commençons à nous sentir heureux à l'idée d'avoir de l'argent à la banque. Même si nous n'ouvrons notre compte qu'avec 10 $, cette action nous donne un sentiment de plus grande maîtrise de soi et de pouvoir personnel. Nous sommes plus contents de nous. Le simple fait de nous discipliner pour économiser de l'argent nous donne le sentiment d'être plus forts et de mieux maîtriser notre destin.

Chaque fois que nous obtenons un peu plus d'argent, nous le mettons sur notre compte de liberté financière. Au bout d'un certain temps, notre compte de liberté financière augmentera. Lorsque notre compte de liberté financière augmente, nous activons deux lois : la loi de l'attraction et la loi de l'accumulation.

Parce que l'argent sur notre compte est *émotionnel*, par nos propres pensées et sentiments, il crée un champ de force énergétique qui attire davantage d'argent sur ce compte. Par exemple, si nous épargnons 10 $ par mois pendant un an, nous serons étonnés de constater qu'avec les petites sommes supplémentaires que nous avons mises sur ce compte, nous aurons probablement plus de 200 $, plutôt que seulement 120 $. Si nous économisons 100 $ par mois, nous aurons probablement plus de 2 000 $.

Et il y a quelque chose d'absolument incroyable dans tout cela ! Avec la loi de l'accumulation, qui dit que « toute grande réussite est une accumulation de nombreuses petites réussites », combinée à la loi de l'attraction, qui dit que « nous attirons dans notre vie les choses qui sont en harmonie avec nos pensées dominantes », notre compte de liberté financière augmente grâce au *miracle des intérêts composés*.

Plus nous avons d'argent sur notre compte bancaire, plus il génère de l'énergie et plus l'argent est attiré dans notre vie. Nous avons tous entendu dire que « Il faut de l'argent pour faire de l'argent ». Et c'est vrai, lorsque nous économisons et accumulons de l'argent, l'univers se met à diriger de plus en plus d'argent vers nous, afin d'économiser et d'accumuler davantage.

Quiconque a déjà pratiqué ce principe d'épargne régulière est réellement surpris de la rapidité avec laquelle sa situation financière s'améliore.

La règle de l'indépendance financière, une fois que l'on a modifié son attitude à l'égard de l'argent, est de « se payer d'abord ». La plupart des gens économisent ce qu'ils peuvent après leurs dépenses mensuelles, s'il reste quelque chose. Toutefois, la solution est de se payer *en premier*, dès le départ, pour chaque somme d'argent que l'on reçoit.

Épargner tout au long sa vie

Dans le passé, si nous épargnions 10 % de notre revenu, de notre premier salaire jusqu'à notre retraite, nous devenions financièrement indépendants, voire riches. Aujourd'hui, en revanche, les conseillers financiers suggèrent d'épargner *15 ou 20 %* de nos revenus pour atteindre tous nos objectifs financiers. En deçà, nous risquons de manquer d'argent plus tard dans la vie.

Lorsque nous conseillons aux gens de mettre de côté 10 % de leurs revenus, ils font la moue. En effet, la plupart des gens dépensent tout ce qu'ils gagnent aujourd'hui. Il ne leur reste rien. La plupart des gens sont également très endettés. L'idée d'épargner 10 % de leurs revenus, dès le départ, semble impossible. Mais il existe une solution.

Pratiquer la formule du 1 %

Commençons dès aujourd'hui à épargner 1% de nos revenus et apprenons à vivre avec les 99% restants. Il s'agit d'un montant raisonnable. C'est un chiffre que l'on peut se mettre dans la tête. Il suffit d'un peu d'autodiscipline et de satisfaction différée pour épargner 1 % chaque mois. Si nous gagnons 3 000 $ par mois, 1 % représente 30 $ par mois, ou seulement 1 $ par jour.

En fin de journée, lorsque nous rentrons chez nous, mettons notre montant quotidien dans une boîte ou une tirelire. Une fois par mois, emmener l'épargne accumulée à la banque et la mettre sur notre compte de liberté financière. Cela semble être un bien petit début, mais souvenons-nous qu'un voyage de mille lieues commence toujours par un premier pas.

En un rien de temps, nous serons à l'aise en vivant avec 99 % de nos revenus. À ce moment-là, nous pourrons augmenter notre niveau d'épargne à 2 % de nos revenus par mois. Nous adapterons notre mode de vie pour vivre avec 98 % de nos revenus. Cela deviendra rapidement une habitude, nous trouverons automatique et facile de vivre avec 98 % de nos revenus.

Nous augmenterons ensuite, chaque mois, notre niveau d'épargne de 1 %. À la fin de l'année, nous aurons probablement épargné 10 % de nos revenus. Ensuite, une autre chose remarquable se produira. Nos dettes diminueront. À mesure que nous aurons conscience d'économiser notre argent et de progresser vers l'indépendance financière, nous deviendrons plus intelligents et plus réfléchis pour chaque dépense. Nous nous surprendrons à dépenser moins et à rembourser progressivement nos dettes, mois après mois.

La récompense est énorme

La récompense obtenue en épargnant et en investissant est considérable. « Le bonheur est la réalisation progressive d'un idéal digne d'intérêt. » Chaque fois que l'on économise un dollar, ou que l'on rembourse un dollar de dette, on se sent heureux. On se sent plus positif et plus maître de sa vie. Notre cerveau libère des endorphines, qui nous procurent une sensation de calme et de bien-être.

Au bout de deux ans, nous n'aurons plus de dettes et nous aurons réussi à accumuler une somme d'argent croissante sur notre compte de liberté financière. Au fur et à mesure que ce montant augmentera, nous attirerons dans notre vie plus d'argent et plus de possibilités de déployer ces fonds intelligemment afin qu'ils nous rapportent un taux de rendement plus élevé.

Parallèlement, notre attitude à l'égard de l'argent et des dépenses changera progressivement. Nous deviendrons plus disciplinés et consciencieux. Nous ferons des recherches minutieuses avant d'investir. Nous étudierons chaque aspect d'une entreprise ou d'une occasion potentielle. Nous serons peu enclins à nous séparer de l'argent que nous avons travaillé si dur pour accumuler. Nous changerons notre attitude et notre personnalité à l'égard de l'argent, de façon très positive.

Les augmentations de revenus n'aident pas

Je demande parfois aux gens participants à mes conférences s'ils aimeraient être indépendants financièrement. Tous lèvent la main et reconnaissent qu'ils aimeraient l'être. Je demande alors : « Si je pouvais, d'un coup de baguette magique, doubler le revenu de chaque personne dans cette salle, cela vous aiderait-il à devenir financièrement indépendant ? »

Tout le monde acclame, rit et hoche la tête en convenant que s'ils pouvaient miraculeusement doubler leurs revenus, ils pourraient devenir financièrement indépendants.

Je leur demande ensuite : « Combien de personnes dans cette salle, depuis votre premier emploi jusqu'à aujourd'hui, ont déjà doublé leurs revenus ? »

Sans hésitation, toutes les mains dans la salle se lèvent.

Je demande alors : « Combien de personnes ici, depuis votre premier emploi jusqu'à aujourd'hui, ont augmenté leur revenu 3 fois ? 5 fois ? 10 fois ? »

Les mains se lèvent dans toute la salle. Tous les participants ont doublé, triplé ou multiplié par 5 ou 10 leurs revenus depuis leur premier emploi.

Je présente alors mon argument : « Tout le monde ici a déjà augmenté ses revenus de façon spectaculaire, mais cela n'a servi à rien. La simple augmentation de ses revenus ne permet pas d'atteindre l'indépendance financière. Cela est dû à la loi de Parkinson, qui dit que : « Les dépenses augmentent pour répondre aux revenus. » Peu importe combien l'on gagne, on finit par tout dépenser, et même plus encore.

Mettre en pratique le principe du fossé

Le moyen d'atteindre l'indépendance financière est de rompre la loi de Parkinson. Pour ce faire, il suffit de mettre en pratique le « principe du fossé » le restant de sa vie. Voici comment procéder : au fur et à mesure de l'augmentation de nos revenus, il faut *creuser un fossé* entre cette hausse des revenus et la croissance de ses dépenses. Au lieu de tout dépenser, il faut économiser 50 % de cette « augmentation ».

Ainsi, si nous réalisons 100 $ de bénéfices par mois, il faut épargner 50 $ par mois et les mettre sur notre compte de liberté financière. Nous pouvons consacrer les 50 autres dollars à notre famille et à l'amélioration de notre mode de vie. Mais nous devons prendre la décision d'économiser *la moitié* de notre augmentation pour le reste de notre vie financière.

Lorsque nous nous payons d'abord nous-mêmes, en épargnant 10 % ou 15 % de nos revenus, plus 50 % des bénéfices pendant le reste de notre carrière, nous atteindrons rapidement l'indépendance financière. Nous rejoindrons les 5 % des personnes les plus riches. Nous n'aurons plus jamais à nous soucier de l'argent.

Le miracle de l'intérêt composé

Albert Einstein disait que « les intérêts composés sont la force la plus puissante de l'univers. »

Si nous économisions seulement 100 dollars par mois et investissions cette somme dans un fonds commun de placement ou un fonds indiciel qui augmente en moyenne de 7 à 10 % par an, de l'âge de 21 ans, à l'âge de 65 ans, nous aurions plus d'un million de dollars. Si nous configurions notre compte salaire de manière à ce que 100 dollars soient automatiquement déduits et investis pour nous, nous pourrions être sûrs de devenir l'une des personnes les plus riches des États-Unis.

Si nous voulons sérieusement atteindre l'indépendance financière, la principale exigence est l'autodiscipline, associée à la capacité de reporter les satisfactions. Notre capacité à pratiquer la maîtrise de soi, le contrôle de soi et l'abnégation tout au long de notre vie nous permettra non seulement d'atteindre tous nos objectifs financiers, mais aussi de réussir et d'être heureux dans tout ce que nous entreprenons.

Dans le prochain chapitre, nous aborderons la solution pour que presque tout dans notre vie travaille pour nous : l'utilisation de notre temps. Nous commençons tous notre vie avec beaucoup de temps et peu d'argent. Comment nous utilisons notre temps tout au long de notre vie d'adulte détermine largement la qualité de notre vie.

Exercices Pratiques :

1. Décidez aujourd'hui de prendre le contrôle total de votre vie financière, de vous libérer de vos dettes et d'atteindre l'indépendance financière.

2. Calculez votre fortune nette aujourd'hui. Additionnez tous vos actifs, soustrayez toutes vos dettes et tous vos passifs, et calculez le chiffre exact.

3. Ouvrez un compte bancaire séparé et commencez à épargner au moins 1 % de vos revenus, au fur et à mesure que vous les recevez, chaque mois ou chaque paie.

4. Établissez une liste de toutes vos dettes et remboursez-les, en commençant par celles dont le taux d'intérêt est le plus élevé.

5. Calculez le montant exact dont vous aurez besoin pour être financièrement indépendant à la fin de votre carrière et fixez-vous cet objectif.

6. Fixez-vous des objectifs spécifiques d'accumulation financière pour chaque mois, trimestre et année pour le restant de votre vie.

7. Pratiquez la frugalité dans vos dépenses en repoussant et en retardant toutes les dépenses que vous pouvez faire jusqu'à ce que vous atteigniez vos objectifs financiers à long terme.

Chapitre 13

L'AUTODISCIPLINE ET LE TEMPS

> *« Si vous n'apprenez pas à contrôler vos peurs,*
> *alors vos peurs vous contrôleront. »*
>
> — Napoleon Hill

C'est sans doute dans la gestion de son temps que l'autodiscipline est la plus importante. La gestion du temps est une discipline fondamentale qui détermine largement la qualité de notre vie. Comme l'a dit Peter Drucker : « On ne peut pas gérer le temps ; on ne peut que se gérer soi-même. »

La gestion du temps est en réalité une gestion de la vie, une gestion personnelle, une gestion de nous-même, et non du temps ou des circonstances.

Le temps est une ressource périssable, il ne peut être mis de côté. Le temps est irremplaçable, rien d'autre ne pourra le renouveler. Le temps est irrécupérable, une fois perdu ou gaspillé, on ne peut jamais le retrouver. Enfin, le temps est indispensable, surtout pour tout type d'accomplissement. Toute réalisation, tout résultat, tout succès nécessite du temps.

On ne peut « gagner » du temps

En réalité, nous ne pouvons *gagner* du temps, nous pouvons seulement *l'utiliser* différemment. Nous ne pouvons que le repartir entre choses les moins importantes et les choses les plus importantes. Voilà la clé de la réussite et la condition de l'autodiscipline.

La gestion du temps est la capacité de choisir la *séquence des événements*. En exerçant son autodiscipline en matière de temps, nous pouvons choisir ce que nous allons faire en premier, ce que nous allons faire en second et ce que nous n'allons pas faire du tout. Nous sommes toujours libres de choisir.

Il faut faire preuve de beaucoup d'autodiscipline pour surmonter la procrastination et les retards qui empêchent la plupart des gens de réussir. Un Indien m'a dit un jour : « La procrastination est la voleuse de rêves. »

Le principe de Pareto, la règle des 80/20, dit que 20 % des choses que nous faisons correspondent à 80 % du résultat de ce que nous accomplissons. Cela signifie que 80 % de ce que nous faisons représente 20 % ou moins de la valeur de ce que nous réalisons.

Estimer la vraie valeur de tout ce que l'on fait

Nous faisons parfois des choses qui ont cinq fois, voire dix fois, plus d'importance que d'autres, même si elles prennent le même temps. Les choses les plus importantes que nous faisons - c'est-à-dire les 20 % les plus importants - sont généralement grandes, difficiles et décourageantes. Par opposition, les

80 % restants sont des choses amusantes, faciles et agréables qui ne changent pas grand-chose à notre vie.

On peut évaluer la valeur d'une chose par le temps que l'on y consacre. Nous accordons toujours de l'attention et du temps à ce qui a le plus d'importance à nos yeux, qu'il s'agisse de notre famille, de notre santé, de nos loisirs ou de nos activités sportives, ou encore de notre argent et de notre carrière. Ce n'est qu'en observant la façon dont nous passons notre temps que nous pouvons savoir ce qui est vraiment important pour nous.

Pour certains, la réussite professionnelle est ce qu'il y a de plus important, puis ils rentrent chez eux et regardent la télévision plusieurs heures par jour. D'autres disent que leur famille est importante pour eux, puis ils sortent pour socialiser ou jouer au golf. Mais seuls nos *actes* montrent réellement ce à quoi nous attachons vraiment de l'importance.

La gestion du temps consiste essentiellement à se discipliner pour établir des priorités claires - et *ensuite à s'y tenir*. Nous devons choisir consciemment et délibérément la chose la plus précieuse et la plus importante à faire, puis nous discipliner pour travailler uniquement à cette tâche.

Planification stratégique personnel

Dans la planification stratégique d'entreprise, l'accent est mis sur l'augmentation du « rendement des capitaux propres ». Les capitaux propres d'une entreprise sont définis comme le montant d'argent réellement investi dans l'entreprise par les propriétaires (en dehors des dettes et de l'argent emprunté). L'objectif de la planification stratégique est de trouver des moyens d'organiser et de réorganiser l'entreprise de manière à ce qu'elle obtienne un taux de rendement des capitaux propres supérieur à celui qu'elle obtiendrait sans la planification.

Les entreprises investissent du capital financier, mais les individus investissent du « capital humain ». Les entreprises mettent en œuvre des actifs financiers, mais *nos* actifs les plus cruciaux sont nos énergies mentale, émotionnelle et physique. La façon dont nous les investissons détermine l'ensemble de notre qualité de vie.

En matière de planification stratégique personnelle, notre objectif est d'obtenir le meilleur « retour sur l'énergie » de nos activités. Ken Blanchard appelle cela obtenir le meilleur « retour sur la vie ».

Tout comme nous prenons soin d'investir notre argent pour nous assurer d'obtenir le meilleur taux de rendement, nous devons être tout aussi prudents lorsque nous investissons notre temps. Nous devons nous assurer d'obtenir les meilleurs résultats, récompenses et satisfactions dans le temps limité dont nous disposons.

Réfléchir avant d'agir

Avant de se lancer dans une activité qui prend du temps, il faut toujours se demander : « Est-ce la meilleure façon d'utiliser mon temps ? »

Faute d'autodiscipline dans la gestion du temps, les gens remettent constamment à plus tard les principales tâches, ce qui les amène à consacrer de plus en plus de temps à des tâches de faible importance ou sans valeur. Or, tout ce que nous faisons de manière répétée finit par devenir une habitude.

De nombreuses personnes ont pris l'habitude de procrastiner, de remettre à plus tard leurs principales tâches et de consacrer la majeure partie de leur temps à des activités qui n'ont que peu d'importance à long terme.

Les priorités par rapport aux postériorités

Pour se fixer des priorités, il faut également se fixer des *postériorités*. Une priorité est quelque chose que l'on fait davantage et le plus tôt possible, alors qu'une postériorité est quelque chose que l'on fait moins ou plus tard. Nous avons déjà surement trop de choses à faire et trop peu de temps. Pour nous lancer dans une nouvelle tâche, nous devons interrompre une ancienne tâche. Avant de nous engager dans une nouvelle tâche, nous devons nous demander : « Que vais-je *arrêter* de faire pour avoir suffisamment de temps pour travailler sur cette nouvelle tâche ? »

Il faut régulièrement passer en revue sa vie et pratiquer « l'abandon créatif » : déterminer volontairement les activités que l'on va *abandonner* afin d'avoir plus de temps à consacrer aux tâches qui peuvent *vraiment faire toute la différence* pour son avenir.

Reconnaitre les conséquences de ce que l'on fait ou non

Un mot essentiel pour instaurer la discipline de la gestion du temps est « la conséquence ». Une chose est importante dans la mesure où elle *peut* avoir de sérieuses conséquences en cas de réalisation ou de non-réalisation. Une tâche ou une activité est sans importance s'il importe peu qu'elle soit réalisée ou non.

À titre d'exemple, réussir un cours à l'université peut avoir d'énormes conséquences sur notre vie durant les 50 années suivantes. Réaliser une tâche ou un projet important au travail, ou faire une grosse vente, peut avoir des conséquences significatives sur notre emploi et nos revenus.

Inversement, boire un café, bavarder avec des collègues, lire le journal, surfer sur internet ou consulter ses e-mails peut être agréable, mais ces activités ont peu ou pas de conséquences. En d'autres termes, que nous les pratiquions ou non, ne changera pas ou très peu notre vie. Et c'est pourtant à ces activités que la plupart des gens passent la majeure partie de leur temps.

Gérer son temps

Il y a une méthode simple de gestion du temps que l'on peut utiliser pour vaincre la procrastination. Elle exige de l'autodiscipline, de la volonté et de l'organisation personnelle. Mais les récompenses sont énormes. Lorsqu'on utilise cette méthode, on peut doubler ou tripler sa productivité, ses résultats, sa production et ses revenus.

Il faut commencer par établir une liste de tout ce que nous avons à faire chaque jour, avant de commencer. Le meilleur moment pour faire cette liste est la veille au soir, à la fin de la journée de travail, afin que notre subconscient puisse travailler sur notre liste d'activités pendant notre sommeil. Nous nous réveillerons souvent avec des idées et des réflexions sur la manière de réaliser plus efficacement les tâches de la journée.

Puis appliquer la méthode A B C D E à sa liste :

- **A** = « **Doit faire** » – de graves conséquences en cas d'inachèvement

- **B** = « **Devrait faire** » – de légères conséquences en cas de réalisation ou non-réalisation

- **C** = « **Sympa à faire** » – aucune conséquences, qu'on le fasse ou non

- **D** = « **A déléguer** » – tout ce qui est possible pour libérer du temps pour les choses que nous seuls pouvons faire

- **E** = « **Supprimer** » – abandonner toutes les tâches et activités qui ne sont plus essentielles à notre travail et à la réalisation de nos objectifs.

Passer en revue notre liste d'activités pour la journée à venir et écrire un « A, B, C, D, E » devant chaque tâche avant de commencer.

Si l'on a plusieurs tâches « A », il faut les classer par importance en écrivant A1, A2, A3, et ainsi de suite. Faire de même avec les tâches B et C.

La règle est qu'il ne faut jamais faire une tâche B quand on a une tâche A en attente. Nous ne devrions jamais effectuer une tâche de moindre importance lorsque nous avons une tâche plus importante à faire.

Une fois que nous avons ordonné notre liste à l'aide de ce système, nous devons nous discipliner pour commencer notre tâche A1 dès le matin, avant de faire quoi que ce soit d'autre.

Se concentrer sur une chose à la fois

Une fois que nous commençons à travailler sur notre tâche la plus importante, nous devons nous discipliner pour nous y mettre à 100 % jusqu'à ce que cette tâche soit terminée.

Il faut beaucoup d'autodiscipline pour choisir la tâche la plus importante et s'y mettre, plutôt que de faire autre chose. Mais une fois que nous nous y attelons, nous ressentons un flux d'énergie qui nous motive et nous propulse dans cette tâche. Nous nous sentons plus positifs et confiants. Nous nous sentons plus heureux et plus déterminés. Le fait même de se lancer dans une tâche importante augmente notre estime de soi et nous motive à continuer.

Nous avons tous, au fond de nous, un désir intense de nous sentir forts, efficaces, puissants et maîtres de notre destin. Nous éveillons automatiquement ces sentiments de confiance et d'estime de soi lorsque nous nous disciplinons pour commencer à travailler sur la tâche qui nous tient le plus à cœur.

Un retour sur investissement de 1 000 %

Cette méthode A, B, C, D, E prend rarement plus de 10 minutes pour préparer sa journée entière. Mais nous gagnerons 10 minutes d'exécution pour chaque minute que nous consacrons à cette méthode de planification avant de commencer.

Autrement dit, nous obtenons 1 000 % de « retour sur l'énergie » en planifiant minutieusement et en établissant des priorités claires avant d'entreprendre la première tâche.

Lorsque nous avons l'impression d'avancer, de progresser dans notre tâche la plus importante, notre cerveau libère régulièrement des endorphines, la « drogue du bonheur » naturelle. Ces endorphines nous rendent plus positifs, plus concentrés, plus alertes, plus conscients et plus maîtres de la situation.

Lorsque nous nous disciplinons pour persévérer contre notre résistance naturelle et *achever* une tâche importante, nous ressentons une « poussée d'endorphine ». Cela se traduit par un sentiment d'allégresse, d'exaltation, de bonheur et d'estime de soi. En accomplissant une tâche importante, nous nous sentons exactement comme un athlète qui a franchi le premier la ligne d'arrivée. Nous nous sentons comme un vainqueur.

La récompense d'une excellente gestion du temps est permanente. Dès que nous commençons à planifier et à organiser notre temps, à fixer des priorités et à entreprendre notre tâche A1, nous nous sentons heureux et plus maîtres de nous-mêmes et de notre vie.

Rester concentré

La loi de l'efficacité forcée dit : « Il n'y a jamais assez de temps pour *tout* faire, mais il y a toujours assez de temps pour faire les choses *les plus importantes* ».

Voilà quelques questions que l'on devrait se poser afin de rester concentré et de travailler sur les tâches, activités et responsabilités les plus importantes.

1. **Pourquoi suis-je employé ? Pour quelle raison exactement ai-je été engagé ? Quels résultats attend-on de moi ?**

Nous devons être clairs sur la réponse à cette question. Il faut en parler avec d'autres personnes et demander à notre patron.

2. **Quels sont mes principaux domaines de résultats ? Parmi toutes les choses que je fais, quels sont les résultats les plus importants que l'on attend de moi à mon poste ?**

Il y a rarement plus de 5 à 7 principaux domaines de résultats dans un emploi. Il est essentiel d'identifier les nôtres, puis de travailler dans ces domaines tout au long de la journée.

3. **Quelles sont mes plus importantes activités ? Parmi toutes les choses que je fais, quelles sont les activités qui apportent la plus grande valeur à mon entreprise ainsi qu'à moi-même ?**

Nous avons des compétences essentielles qui nous permettent d'apporter une contribution précieuse. Quelles sont ces compétences ?

4. **Quelle est la chose que je peux faire, et que je suis le seul à pouvoir faire, qui, si elle est bien faite, fera une réelle différence ?**

Il n'y a qu'une seule réponse à cette question. Il s'agit d'une chose que nous et *nous seuls* puissions faire. Si nous ne le faisons pas, personne d'autre ne le fera à notre place. Mais si nous le faisons, et si nous le faisons bien, cela peut faire une énorme différence dans notre vie et dans notre travail.

5. **Quel est l'usage le plus utile de mon temps en ce moment ?**

C'est la question la plus importante pour fixer des priorités et vaincre la procrastination. Chaque minute de chaque jour apporte une réponse à cette question. Notre capacité à organiser notre vie et à choisir notre plus importante priorité est une preuve essentielle de notre intelligence et de notre efficacité.

Commencer dès aujourd'hui

Nous devrions dès aujourd'hui appliquer ces grands principes de gestion du temps à tous les domaines de notre vie. Appliquons ces principes à notre travail, notre famille, notre santé, notre exercice physique, ainsi que nos décisions et activités financières.

Nous devons déployer une grande discipline pour fixer des priorités et nous y tenir. Nous devons faire preuve d'une discipline et d'une volonté sans faille pour surmonter la procrastination qui freine la plupart des gens. Et plus nous nous disciplinerons à bien utiliser notre temps, plus nous nous sentirons heureux et plus la qualité de notre vie s'améliorera dans tous les domaines.

Les problèmes et les difficultés de toutes sortes sont presque toujours ce qui nous éloigne de nos objectifs. Notre capacité à résoudre efficacement les problèmes de la vie quotidienne peut avoir un impact énorme sur nos résultats et nos récompenses. Nous aborderons ce sujet dans le prochain chapitre.

Exercices Pratiques :

1. Décidez dès aujourd'hui d'exceller dans la gestion du temps, et travaillez jusqu'à ce que cela devienne une habitude.

2. Établissez une liste de tout ce que vous avez à faire chaque jour avant de commencer. Au fur et à mesure que de nouvelles tâches se présentent, notez-les avant de les réaliser.

3. Organisez votre liste de travail par priorité en utilisant la méthode A, B, C, D, E encore et encore jusqu'à ce que cela devienne une habitude.

4. Définissez chaque jour votre tâche A1 et décidez d'y travailler sans relâche jusqu'à ce qu'elle soit terminée à 100 %.

5. Définissez la tâche que *vous êtes le seul* à pouvoir accomplir et qui, si vous l'accomplissez bien, peut faire une réelle différence.

6. Définissez les 20 % de vos tâches qui peuvent représenter 80 % de vos résultats, et disciplinez-vous pour y travailler la plupart du temps.

7. Demandez-vous chaque minute de chaque jour : « Est-ce la meilleure utilisation de mon temps, en ce moment ? » et disciplinez-vous pour travailler uniquement sur cette tâche jusqu'à ce qu'elle soit terminée.

Chapitre 14

L'AUTODISCIPLINE ET LA RÉSOLUTION DE PROBLÈMES

« L'expérience, ce n'est pas ce qui arrive à quelqu'un, c'est ce que quelqu'un fait avec ce qui lui arrive. »

— Aldous Huxley

Les pensées sont des causes et les situations sont des effets. Ainsi, la qualité de nos pensées détermine en grande partie la qualité de notre vie. Le plus grand principe mental est le suivant : « La majeure partie du temps, nous devenons ce que nous pensons. »

Dans quelques domaines que ce soit, les personnes les plus performantes sont essentiellement *orientées vers les solutions*. Elles passent leur temps à chercher des solutions. Les personnes qui réussissent le mieux dans tous les domaines se concentrent sur les solutions et sur ce qui peut être fait pour résoudre le problème, au lieu de se focaliser sur qui a fait ou n'a pas fait telle ou telle chose.

Izrhat Khan, philosophe soufi, a dit un jour : « La vie est une succession continue de problèmes, comme les vagues de l'océan. Elles ne s'arrêtent jamais. » Pour réussir dans les affaires et dans la vie, il est essentiel d'être capable d'autodiscipline, de maîtrise et de contrôle de soi face au flux incessant de problèmes, de difficultés, de revers et d'échecs passagers que l'on rencontre.

La crise inévitable et inéluctable

Au cours de notre vie, nous serons confrontés à un flot de problèmes, physiques, financiers, familiaux, commerciaux et politiques. La seule coupure dans cette chaîne sans fin de difficultés sera une *crise* occasionnelle. Si nous menons une vie normale, nous connaîtrons probablement une crise tous les deux ou trois mois. Or, c'est dans ces crises que nous démontrons véritablement la qualité de notre personnalité et la force de notre caractère.

Ce n'est que lorsque nous sommes confrontés à des situations inattendues que nous montrons véritablement de quoi nous sommes capables. La vie entière est une « épreuve ». La seule question qui se pose alors est « réussissons-nous ou échouons-nous ».

Les crises, de par leur nature même, arrivent « sans prévenir ». Il est impossible de les anticiper, sinon il n'y aurait pas de crise : car de toute évidence, nous y serions préparés. Lorsque l'inévitable crise survient, l'autodiscipline est nécessaire, plus qu'à n'importe quel autre moment, afin de rester calme et lucide.

Donner le meilleur de soi-même

Lorsque quelque chose ne va pas, la plupart des gens ont spontanément tendance à se mettre en colère et à chercher quelqu'un à blâmer, mais cela revient à gaspiller de l'énergie.

Cela ne résout rien. Au lieu de cela, il faut se discipliner pour rester calme, objectif et serein.

Lorsque nous sommes confrontés à un problème inattendu ou à une crise, il faut se discipliner pour rester calme, se concentrer sur la solution plutôt que sur le problème. Penser à ce *que l'on peut faire dans l'immédiat*, plutôt que se demander comment cela s'est produit et qui est à blâmer.

Comme lors d'un accident où quelqu'un est blessé, nous nous concentrons sur les soins à apporter au blessé, sur l'arrêt de l'hémorragie et sur la limitation des dégâts, avant de commencer à analyser ce qui s'est passé et comment. Pratiquer l'autodiscipline dans la gestion d'un problème ou d'une crise en se disant immédiatement « Je suis responsable », même si, à ce moment-là, nous ne sommes responsables que de nos réactions.

Rester lucide et chasser les pensées négatives

Les personnes performantes ont appris à réagir efficacement en cas de crise, à rester calmes, détendues et lucides. Elles se disciplinent pour rester calmes et sereines. Cela leur permet de penser plus clairement, d'analyser la situation de manière objective et de prendre de meilleures décisions.

Mais lorsque nous nous mettons en colère ou que nous sommes contrariés, notre néocortex, ou notre « cerveau pensant », s'arrête. Tout ce qui nous reste alors est notre paléocortex, c'est-à-dire notre cerveau émotionnel, qui pense en termes de « combat ou fuite ». Lorsque notre cerveau émotionnel est aux commandes, c'est comme si nous ne pensions qu'en noir et blanc, en oui ou non, à faire quelque chose ou à ne rien faire.

Nous perdons la faculté de penser en nuances et d'envisager toutes les façons possibles de faire face à une situation donnée.

Les personnes performantes réalisent que chaque problème est une occasion de grandir en maîtrise de soi et en confiance personnelle. De fait, dans la vie, nous nous élevons à la hauteur des problèmes que nous sommes capables de résoudre.

Les tremplins vers la réussite

Il y a quelques années, le Dr Lawrence Peter a écrit un livre intitulé *Le Principe de Peter*. C'était un livre amusant dont la principale thèse était trop proche de la réalité. Il a écrit que, dans toute entreprise, les gens continuent à être promus jusqu'à ce qu'ils atteignent un niveau où ils ne sont plus compétents pour résoudre les problèmes de ce niveau. C'est là qu'ils s'arrêtent et qu'ils restent jusqu'à la fin de leur carrière.

Il a également souligné que, pour cette raison, toute entreprise finit par être constituée de personnes qui ont atteint leur *niveau d'incompétence*. C'est notamment le cas au gouvernement et c'est la principale raison pour laquelle il est si inefficace et coûteux d'accomplir quoi que ce soit au sein du gouvernement, et souvent, dans toute importante bureaucratie.

Dans notre vie professionnelle, nous ne cessons de progresser dans notre entreprise et notre profession en fonction de notre capacité à résoudre les problèmes et à prendre les décisions nécessaires à chaque échelon. Ce qui est rassurant, c'est qu'en pensant à des solutions, la plupart du temps, nous entraînons notre cerveau à être fortement orienté vers les solutions.

Quels que soient les problèmes ou les difficultés qui surgissent, notre cerveau cherche continuellement des moyens créatifs pour les résoudre. Par conséquent, nous devenons en fait plus intelligents et plus rapides, notre cerveau pensant étant plus vite disponible.

Si nous voulons apprendre un sport, nous apprenons d'abord les mouvements de base, puis les mouvements plus avancés. Nous mettons en pratique ces compétences encore et encore jusqu'à ce que nous puissions les exécuter et effectuer les mouvements naturellement et facilement à chaque fois.

Pour maîtriser la technique de résolution de problèmes, nous devons mettre au point une méthode qui nous permette de faire face efficacement à presque tous les problèmes auxquels nous sommes confrontés au cours de notre carrière ou de notre vie personnelle. Heureusement, il existe une méthode éprouvée de résolution de problèmes et de prise de décision que nous pouvons utiliser dans presque toutes les situations. Voyons cela de plus près.

Une méthode en 9 étapes pour résoudre efficacement les problèmes

Étape 1 : prendre le temps de *clairement* définir le problème. En médecine, on dit que « le bon diagnostic est la moitié du remède ». Il faut donc se demander : « Quel est le problème *exactement* ? » Dans une entreprise plusieurs personnes confrontées à un même problème peuvent avoir une idée ou une définition bien différente de la nature du problème. Notre travail est donc de clarifier les choses, d'amener tout le monde à se mettre d'accord sur la définition du problème *avant* de passer à la résolution de celui-ci.

Étape 2 : se demander : « Est-ce vraiment un problème ? »
Il faut cependant se rappeler qu'il y a des choses contre lesquelles nous ne pouvons rien faire. Ce ne sont pas des problèmes, mais simplement des réalités de la vie. Si les taux d'intérêt augmentent, ou si le marché des prêts hypothécaires risque de s'effondrer, ce n'est pas un problème, ce n'est pas quelque chose qui puisse être résolu, au contraire, il s'agit d'une situation qu'il faut contourner et traiter.

Il arrive aussi bien souvent que ce qui *semble* être un problème ou un contretemps soit en fait une *occasion déguisée*. Dans certains cas, il n'est pas du tout nécessaire de résoudre le problème, mais de faire quelque chose de *complètement différent*, qui pourrait être encore plus bénéfique pour nous et notre entreprise.

Étape 3 : se demander : « Est-ce autre chose qui pose problème ? » Méfions-nous des problèmes pour lesquels il n'existe qu'une seule définition. Plus il y a de façons différentes de définir un problème, plus nous avons de chances de trouver la meilleure solution.

Lorsque nous travaillons avec des entreprises dont les ventes sont insuffisantes, nous les obligeons à se poser 1 000 questions, qui sont autant de façons différentes de reformuler le problème. Chaque reformulation du problème, si elle est acceptée comme la définition correcte, conduit à une solution différente, et souvent à une approche complètement différente pour l'entreprise.

Par exemple, nous demandons : « Quel est le problème ? » La première réponse est : « Nos ventes sont trop faibles. » La question suivante est : « Est-ce autre chose qui pose problème ? » Réponse : « Les ventes de nos concurrents sont trop élevées ».

Il s'agit là d'une nette différence de problème. Si le problème est que nos ventes sont insuffisantes, la solution peut être d'augmenter notre marketing et notre publicité et de renforcer nos activités de vente. Si la définition est que les ventes de notre concurrent sont trop élevées, la solution peut être d'améliorer nos produits, de changer notre gamme de produits, de baisser nos prix ou de nous lancer dans une activité complètement différente.

En posant et en répondant à une série de questions de ce type, nous finissons par trouver la bonne définition, celle qui se prête à une solution viable.

Étape 4 : se demander : « Comment ce problème est-il survenu ? » Cherchons à comprendre les causes du problème pour faire en sorte qu'il ne se reproduise pas. Si un problème se répète sans cesse dans notre vie ou dans nos affaires, c'est le signe que notre entreprise est mal organisée ou qu'elle échappe à tout contrôle dans ce domaine. Il y a un dysfonctionnement dans nos *méthodes* qui conduit à la répétition du *même* problème. Notre travail consiste à trouver la raison de cette récurrence et à résoudre le problème à sa source.

Étape 5 : se demander « Quelles sont toutes les solutions *possibles* ? » Plus nous élaborons de solutions possibles, plus nous avons de chances de trouver la bonne. La *qualité* de la solution semble être directement proportionnelle à la *quan-*

tité de solutions envisagées dans la résolution d'un problème. Méfions-nous d'un problème pour lequel il n'existe qu'une *seule* solution.

Étape 6 : se demander « Quelle est la meilleure solution *à ce stade* ? » Parfois, *n'importe quelle* solution est mieux que *pas* de solution du tout. Une solution moyenne rigoureusement appliquée est souvent préférable à une excellente solution qui ne peut être réalisée en raison de sa complexité ou parce que personne n'est en mesure de l'appliquer.

La norme est que 80 % des problèmes doivent être traités immédiatement, et seul le 20 % restant doit être reporté à plus tard. Si l'on doit remettre un problème à plus tard, il faut fixer une date limite précise pour prendre une décision sur ce problème, puis prendre sa décision à cette date limite avec les informations dont on dispose à ce moment-là.

La règle veut que tout gros problème ait été autrefois un petit problème qui aurait pu être résolu facilement et à peu de frais à ce moment-là. Parfois, la meilleure stratégie consiste à « le stopper net ». Lorsqu'il est clair qu'il existe un problème et une solution, il faut faire le nécessaire, et le faire rapidement.

Étape 7 : prendre une décision. Choisir une solution, n'importe laquelle, et décider d'un plan d'action. Toujours se demander : « Quelle est notre prochaine action ? Qu'allons-nous faire *maintenant* ? »

Étape 8 : attribuer les responsabilités. Qui exactement va appliquer la solution, ou les différents éléments de la solution ? Il arrive souvent qu'un groupe se réunisse pour résoudre un problème et se mette d'accord sur une solution.

Mais lorsque le groupe se réunit deux semaines plus tard, il s'avère que rien ne s'est passé. Pourquoi ? Parce que personne n'a été spécifiquement chargé d'appliquer la décision.

Étape 9 : définir une mesure pour la décision. Qu'essayons-nous d'accomplir avec cette décision, et comment allons-nous en mesurer les résultats ? Comment saurons-nous si cela a fonctionné ? Plus nous pouvons déterminer avec précision le résultat que nous voulons obtenir avec la solution, plus nous avons de chances de l'obtenir.

La grande récompense

Lorsque nous résolvons des problèmes, la principale récompense que nous en tirons est la possibilité de clarifier de nouveaux problèmes plus importants. Notre salaire et la vitesse de notre promotion, la progression dans notre carrière, sont fortement déterminés par notre capacité à résoudre des problèmes. Plus nous nous concentrons sur les solutions, plus nous en trouverons et plus notre contribution à l'entreprise sera précieuse.

L'autre côté de l'estime de soi, c'est-à-dire à quel point nous nous aimons, s'appelle « l'auto-efficacité ». Notre niveau d'auto-efficacité est défini comme « le degré de compétence que nous estimons avoir pour résoudre nos problèmes et atteindre nos objectifs. »

Plus nous pensons que nous sommes capables de résoudre les problèmes et les difficultés de la vie quotidienne, plus nous nous aimons. Plus nous nous aimons, plus nous sommes confiants et compétents pour résoudre des problèmes encore plus importants et obtenir des résultats encore plus significatifs.

Le facteur déterminant de notre réussite

Dans notre travail, notre capacité à résoudre les problèmes détermine largement tout ce que nous accomplissons. Les personnes qui savent résoudre des problèmes comptent parmi les personnes les plus estimables et les plus respectées dans tous les domaines. C'est pourquoi la réussite a été définie comme « la capacité à résoudre des problèmes ». Le bonheur, c'est la capacité à résoudre des problèmes. Le leadership est la capacité à résoudre des problèmes.

Lorsque nous pratiquons l'autodiscipline et la maîtrise de soi face aux problèmes et aux crises inévitables et inéluctable de la vie quotidienne, nous devenons plus compétents et efficaces dans tout ce que nous entreprenons. Nous serons respectés et estimés par tous ceux qui nous entourent. Nous éprouverons un énorme sentiment de pouvoir et de compétence personnels. Et nous deviendrons l'une des personnes les plus estimées de notre entreprise.

Exercices Pratiques :

1. Résoudre des problèmes est comme résoudre des opérations mathématiques : cela s'apprend avec la pratique et la répétition. Commencez par déterminer les plus gros problèmes auxquels vous êtes confronté *aujourd'hui*.

2. Acceptez l'entière responsabilité de la résolution des problèmes que vous rencontrez dans votre travail quotidien et réfléchissez aux solutions.

3. Définissez précisément votre plus gros problème professionnel ou personnel, sur papier. Quel est ce problème *exactement* ?

4. *Pourquoi* est-ce un problème ? Pourrait-il s'agir d'une occasion déguisée ? Dans l'affirmative, quelle occasion ou leçon ce problème pourrait-il contenir ?

5. Est-ce *autre* chose qui pose problème ? Le vrai problème est peut-être autre chose, quelque chose que vous ne voulez pas affronter ?

6. Quelles sont *toutes* les solutions possibles, et quel pourrait être *l'autre* solution ?

7. Choisissez la meilleure solution qui s'offre à vous *dans l'immédiat* et agissez sans attendre.

Partie III

L'AUTODISCIPLINE ET LE BONHEUR

Le but de notre vie est d'atteindre le bonheur. Personne ne peut y parvenir à notre place, et ce désir personnel est ce qui motive quasiment tous nos comportements. Le bonheur est plus émotionnel et spirituel que l'acquisition de biens matériels. Dans cette partie, nous allons apprendre comment la pratique de la discipline dans les domaines les plus importants de notre vie peut nous apporter plus de joie et de satisfaction que n'importe quelle autre pratique.

Chapitre 15

L'AUTODISCIPLINE ET LE BONHEUR

> « *Un cheval ne va nulle part tant qu'il n'est pas attelé.*
> *Un cours d'eau ou un gaz ne conduit rien tant qu'il n'est pas retenu.*
> *Un Niagara ne peut devenir une source de lumière et d'énergie s'il n'est pas creusé d'un tunnel.*
> *Une vie ne peut devenir grande si elle n'est pas concentrée, dévouée, disciplinée.* »

— Harry Emerson Fosdick

Notre capacité à atteindre le bonheur est la véritable mesure de notre réussite dans la vie. Rien n'est plus important. Rien ne peut le remplacer. Si nous parvenons à accomplir tout ce qui est de nature matérielle, mais que nous ne sommes pas heureux, nous avons *échoué* à réaliser notre potentiel en tant qu'être humain.

Au chapitre 4, j'ai décrit comment les êtres humains sont déterminés, s'efforçant d'atteindre leurs objectifs. Mais derrière chaque objectif se cache un autre objectif, et encore un autre, jusqu'à ce que l'on arrive finalement au « primum movum », c'est-à-dire au premier élément moteur de la vie humaine. Celui-ci s'avère toujours être le *désir d'être heureux*. On ne peut être vraiment heureux que si l'on pratique l'autodiscipline, la maîtrise et le contrôle de soi. Ce n'est que lorsque l'on estime avoir la pleine maîtrise de sa vie que l'on est vraiment heureux.

La loi du contrôle

Dans mon livre *Maximum Achievement* (Accomplissement Maximum), j'enseigne l'importance de la loi du contrôle. Cette loi affirme que « l'on se sent heureux seulement si on a le sentiment de contrôler sa propre vie. On se sent malheureux lorsqu'on a l'impression de ne pas avoir le contrôle, ou que l'on est contrôlé par d'autres facteurs ou d'autres personnes ».

Les psychologues appellent cela notre « locus de contrôle ». On compte plus de 50 ans de recherche et des centaines de livres et d'articles sur ce sujet. Ils concluent tous que le stress et le malheur surviennent lorsque l'on se sent contrôlé par des circonstances extérieures. C'est la différence entre un « locus de contrôle interne » (heureux) et un « locus de contrôle externe » (malheureux).

Nous avons un locus de contrôle *interne* lorsque nous sentons que nous dirigeons la situation, que nous prenons nos propres décisions et que ce qui nous arrive dans la vie est largement déterminé par nous-mêmes. Lorsque nous avons un locus de contrôle interne, nous avons l'impression d'être le pilote de notre vie, d'être aux commandes. Nous avons l'impression que nous déterminons la majeure partie de ce qui nous arrive. De ce fait, nous nous sentons forts, déterminés et heureux.

Par contre, nous avons un locus de contrôle *externe* lorsque nous avons le sentiment de ne pas avoir le contrôle ou de ne pas pouvoir diriger notre vie. Ainsi, si nous avons l'impression d'être contrôlés par un patron abusif ou critique, et que nous ne pouvons rien y faire, car nous n'avons pas mis d'économies de côté, nous ressentons un niveau élevé de stress et d'angoisse. Cela nous pousse à mal travailler, ce qui accroît encore la probabilité de licenciement, entraînant très souvent les circonstances que nous craignons.

Nous avons peut-être l'impression d'être contrôlés par un mariage, voire une relation difficile, dont nous ne pouvons pas nous échapper. Nous avons parfois l'impression d'être contrôlés par nos factures, nos dettes et notre obligation de payer pour maintenir notre train de vie. Nous pouvons avoir l'impression d'être contrôlés par notre forme physique ou notre manque de formation. Beaucoup de gens ont l'impression d'être contrôlées par leur passé, par une enfance ou une éducation difficile, et contre quoi ils ne peuvent rien faire pour changer leur situation.

De nombreuses personnes ont le sentiment d'être contrôlées par leur propre personnalité et de ne pas pouvoir améliorer leur situation. Elles disent : « Je suis comme ça, point final ». En disant cela, elles se déchargent de la responsabilité de faire preuve de discipline et de volonté pour réaliser les changements nécessaires à la vie qu'elles souhaitent mener et au bonheur.

Pour remplacer un locus de contrôle *externe* par un locus de contrôle *interne*, il faut décider *aujourd'hui* de prendre sa vie en main. Réaliser et accepter de prendre nos propres décisions, d'être là où nous sommes et ce que nous sommes par notre volonté. S'il y a un domaine de notre vie où nous ne sommes pas heureux, nous devons nous discipliner pour faire tout le nécessaire pour changer la situation.

La raison du bonheur

Ce qui détermine notre bonheur ou notre malheur, est le décalage entre notre situation actuelle et les conditions et circonstances dont nous pensons avoir besoin pour être heureux. Il s'agit là d'une évaluation et d'une décision personnelles.

Selon un vieux dicton : « La réussite, c'est obtenir ce que l'on veut ; le bonheur, c'est vouloir ce que l'on obtient ». Lorsque nos revenus et notre vie sont en accord avec nos objectifs et nos attentes, que nous sommes satisfaits de notre situation, nous sommes heureux. Si, pour une raison quelconque, notre situation actuelle est différente de ce que nous voulons et espérons réellement, nous serons mécontents et malheureux.

Ce degré de satisfaction peut être en constante évolution. Au début de notre carrière, un revenu de 50 000 dollars par an peut sembler être une grande réussite. Mais une fois cet objectif atteint, nous devenons malheureux parce que nous ne gagnons pas 100 000 $ ou plus. Certaines personnes sont malheureuses en gagnant un million de dollars par an.

Le bonheur est un dérivé

La particularité du bonheur est qu'il ne s'agit pas d'un objectif que l'on peut viser et atteindre en soi. Le bonheur est un produit *dérivé* qui nous vient lorsque nous sommes engagés dans une activité que nous aimons vraiment, en compagnie de personnes que nous aimons et respectons.

Earl Nightingale, sans doute le commentateur radio le plus réputé et le plus respecté de l'histoire en matière de réussite, a déclaré que « le bonheur est la réalisation progressive d'un idéal escompté. » Chaque fois qu'on avance, étape par étape, vers quelque chose qui nous tient à cœur, vers nos objectifs les plus importants, nous nous sentons automatiquement heureux, satisfaits et contents. Nous ressentons un immense sentiment d'épanouissement personnel et de bien-être.

Les cinq éléments du bonheur

L'autodiscipline est essentielle au bonheur. L'autodiscipline exige à la fois que l'on détermine clairement ce que signifie le bonheur pour soi, et que l'on travaille progressivement chaque jour à la réalisation de cette condition idyllique.

D'après mon expérience et mes enseignements, j'ai découvert que le bonheur se compose de cinq éléments. Le manque d'un de ces éléments peut provoquer du stress, de la tristesse et un sentiment de perte de contrôle.

1. La santé et l'énergie : c'est probablement l'élément le plus important pour une vie réussie. Nous y aspirons toute notre vie. Ce n'est que lorsque nous profitons d'une bonne santé, sans douleur, et d'une constante énergie que nous nous sentons vraiment heureux.

Bien souvent, la santé est un « manque ». Autrement dit, nous ne pensons guère à notre santé jusqu'à ce que nous en soyons *privés*. Par exemple, nous ne pensons pas à nos dents avant d'avoir mal aux dents. Nous ne pensons pas à notre corps avant d'avoir des courbatures ou des douleurs quelconques.

Nous devons faire preuve de discipline et de volonté tout au long de notre vie pour atteindre et maintenir un bon niveau de santé et de forme physique. Les chapitres 16 et 17 traitent de ces sujets plus en détail.

2. De bonnes relations : au moins 85 % de notre bonheur, ou de notre malheur, provient de nos relations avec les autres. Comme le disait Aristote : « l'homme est un animal social ». Nous sommes conçus pour fonctionner en société, travailler et vivre avec d'autres personnes à tout moment de notre vie.

Notre capacité à nouer et à entretenir des relations de qualité avec notre conjoint, nos enfants, nos amis, nos collègues et d'autres personnes est la véritable indication de la qualité de notre personnalité et de notre niveau de santé mentale. Les personnes ayant un niveau élevé d'estime et de respect de soi s'entendent mieux avec les autres et sont beaucoup plus heureuses.

Une de nos plus graves erreurs est de considérer nos relations comme acquises, surtout les plus importantes. Souvent, nous n'y pensons pas jusqu'à ce qu'il y ait un problème, puis nous ne pensons plus qu'à ça.

3. Un travail significatif : pour être vraiment heureux, nous devons être pleinement engagés dans la vie. Nous devons faire des choses qui nous maintiennent actifs et nous donnent un sentiment d'accomplissement. Si nous gagnons notre vie, nous devons faire un travail que nous aimons, que nous faisons bien et pour lequel nous sommes bien payés.

Nous ne sommes vraiment heureux que lorsqu'on a le sentiment d'apporter une contribution quelconque et de donner plus que ce que l'on reçoit. On a besoin de sentir que ce que l'on fait apporte une réelle différence dans la vie et le travail des autres.

Dans le cadre d'études sur la motivation des salariés, les employeurs pensent que les gens sont principalement motivés par l'argent et les primes. Mais lorsque les employés sont interrogés, les trois facteurs qui les motivent le plus s'avèrent être les suivants :

1) Un travail stimulant et intéressant,

2) les possibilités de progression et de promotion, et

3) des collègues sympas.

La plus grande obligation que nous avons envers nous-mêmes est de trouver l'emploi qui nous convient et d'y mettre tout notre cœur. Si, pour une raison quelconque, nous n'avons pas envie de nous investir pleinement dans notre travail, il se peut qu'il manque un ou plusieurs des trois éléments essentiels à un lieu de travail positif. Cela peut être un signe que ce n'est pas le bon emploi pour nous.

4. L'indépendance financière : les plus grandes peurs que nous ayons sont sans doute celles de la perte, de l'échec et de la pauvreté. Nous craignons d'être démunis, sans ressources et de dépendre des autres.

La principale obligation que nous avons envers nous-mêmes est de travailler à l'indépendance et la liberté financière tout au long de notre vie. Les personnes les plus heureuses sont celles qui ont atteint l'indépendance financière. Ce n'est pas quelque chose que nous pouvons laisser au hasard, il s'agit d'un objectif qui nécessite une action délibérée et ciblée, ainsi qu'une grande autodiscipline.

Chaque fois que nous avons l'impression d'avoir un écart important entre notre situation financière actuelle et celle que nous aimerions idéalement avoir, nous sommes stressés, inquiets et malheureux.

5. L'épanouissement personnel : c'est le sentiment que nous sommes en train de devenir tout ce dont nous sommes capables. Cela se produit lorsque nous sentons que nous atteignons notre véritable potentiel.

Abraham Maslow est surtout connu pour sa Hiérarchie des Besoins. Il a déterminé que les gens ont à la fois des « manques » et des « besoins d'être ». Les gens cherchent soit à compenser leurs manques, soit à réaliser leur potentiel. Il a conclu que nous ne pouvons progresser et nous élever jusqu'aux niveaux les plus avancés que lorsque nos manques sont satisfaits.

Les manques. Notre tout premier manque est celui de la *sécurité* ou la *survie*. Pour satisfaire ce manque, nous devons avoir suffisamment de nourriture, d'eau, de vêtements et un hébergement pour préserver notre vie et notre bien-être. Si, pour une raison quelconque, notre sécurité ou notre survie est menacée, nous serons totalement occupés à satisfaire ce manque. Nous subirons un stress énorme et nous serons profondément malheureux jusqu'à ce que nous soyons à nouveau en sécurité. Imaginons, par exemple, que nous nous trouvions dans une situation où notre vie est menacée.

Le deuxième manque que Maslow a identifié est le besoin de *sécurité*. Ce besoin concerne la sécurité financière, émotionnelle et physique. Il nous faut suffisamment d'argent pour subvenir à nos besoins de sécurité, dans nos relations au travail et à la maison et de sécurité physique pour nous assurer que nous ne courons aucun danger. Si nos besoins de sécurité sont menacés, nous devenons totalement obsédés par ceux-ci. Prenons l'exemple de la perte soudaine de son emploi : comment nous sentirions-nous ?

Le troisième manque que Maslow a identifié est *l'appartenance*. Nous avons tous besoin d'entretenir des relations sociales avec les autres, tant à la maison qu'au travail. Nous avons besoin d'être reconnus et acceptés par les autres. Chaque individu a besoin d'être à l'aise dans ses relations avec les autres, et a besoin d'être vu et accepté en tant que membre d'une équipe ou d'un groupe.

Les besoins d'estime de soi : une fois que l'on a atteint un niveau suffisant pour chacun de ces besoins fondamentaux, sécurité, bien-être et appartenance, on se tourne ensuite vers la satisfaction des besoins plus importants : l'estime de soi et l'amour-propre. L'estime de soi est le moteur de notre personnalité et détermine en grande partie tout ce qui nous arrive. Tout ce que nous faisons dans la vie a pour but, soit d'augmenter notre estime de soi, soit de l'empêcher de diminuer.

Notre estime de soi, la façon dont nous nous percevons, combien nous nous apprécions et nous valorisons, détermine notre bonheur plus que tout autre élément. Notre estime de soi provient de nombreux critères. Lorsque nous sommes appréciés et acceptés par les autres, que nous vivons en accord avec nos plus grandes valeurs, que nous faisons du bon travail et que nous sommes reconnus pour cela, que nous avançons progressivement vers la réalisation de nos objectifs et nos idéaux, nous nous sentons naturellement heureux et satisfaits. Nous avons le sentiment d'avoir de la valeur et de maîtriser notre vie.

Le plus grand besoin humain : le plus grand besoin que Maslow a identifié est l'épanouissement personnel. Il a constaté que moins de 2 % de la population atteint ce niveau de satisfaction personnelle. La plupart des gens sont tellement préoccupés par leurs manques et par la nécessité de protéger ou de renforcer leur estime de soi et leur ego qu'ils n'accordent que peu d'attention et d'efforts à l'épanouissement personnel.

Mais ce n'est que lorsque nous réalisons que nous avons un énorme potentiel et que l'on s'applique à faire, être, et avoir le maximum dans un domaine donné, que nous ressentons l'épanouissement personnel et le vrai bonheur.

Les plus heureux sont ceux qui ont la conviction de faire quelque chose de valable et d'important de leur vie. Ces personnes ont le sentiment de *se dépasser* et d'aller au-delà de tout ce qu'elles ont fait auparavant. Les personnes qui se dévouent à l'épanouissement personnel peuvent écrire des livres ou créer des œuvres d'art, ou encore faire de l'alpinisme ou participer à des compétitions sportives. Elles peuvent créer des entreprises ou atteindre les sommets de leur profession.

La particularité de l'épanouissement personnel est qu'il ne peut jamais être complètement satisfait. En nous efforçant continuellement, tout au long de notre vie, d'être, d'avoir et de faire toujours plus, nous ressentons un flux constant de bonheur et de satisfaction. Nous avons le sentiment de devenir progressivement ce que nous étions vraiment censés devenir.

Ne jamais être satisfait

Dans tous ces domaines, lorsque nous faisons preuve d'autodiscipline et de volonté pour surmonter l'envie de choisir la facilité, nous sommes plus satisfaits de nous-mêmes. Lorsque nous avançons avec conviction vers nos rêves et que nous nous disciplinons pour continuer à avancer malgré les obstacles et les difficultés, nous nous sentons puissants. Notre estime et notre confiance augmentent et à mesure que nous avançons vers nos idéaux, pas à pas, nous nous sentons vraiment heureux.

Dans le chapitre suivant, nous apprendrons comment intégrer l'autodiscipline dans nos habitudes de santé au quotidien afin de vivre une vie longue, heureuse et saine.

Exercices Pratiques :

1. Définissez les domaines de votre vie dans lesquels vous vous sentez le plus heureux et le plus maître de la situation : comment pourriez-vous les améliorer ?

2. Définissez les domaines de votre vie où vous vous sentez contrôlé par d'autres personnes ou éléments. Que pourriez-vous faire pour résoudre ces situations ?

3. Définissez les domaines de votre vie où il existe un fossé entre votre niveau actuel de réussite et ce que vous aime-

riez vraiment réaliser. Que pourriez-vous faire pour combler ces écarts ?

4. Définissez les besoins les plus pressants que vous avez aujourd'hui et qui ne sont pas satisfaits. Que pourriez-vous faire pour satisfaire ces manques ?

5. Définissez les activités qui vous procurent le plus grand bonheur personnel, vos « meilleures expériences » dans la vie. Que pourriez-vous faire pour augmenter ces moments de bonheur ?

6. Définissez les domaines de la vie dans lesquels vous êtes le plus mécontent. Quelles mesures pourriez-vous prendre immédiatement pour résoudre ce sentiment de mécontentement ?

7. Définissez ce qu'est le « bonheur » pour vous. Que signifie-t-il ? Que faudrait-il faire pour que vous soyez vraiment heureux, et que pourriez-vous faire immédiatement pour créer cette situation ?

Chapitre 16

L'AUTODISCIPLINE ET LA SANTÉ

*« Le respect de soi est la source de la discipline ;
le sentiment de dignité grandit lorsque l'on est capable
de se dire non. »*

— Abraham Joshua Heschel

Aujourd'hui, les gens vivent mieux et plus longtemps qu'auparavant, notre objectif est de figurer parmi eux. Il n'y a aucun domaine où l'autodiscipline est plus importante que dans nos pratiques liées à notre santé. Notre premier objectif devrait être de vivre aussi longtemps et aussi bien que possible. Cela exige une autodiscipline de toute une vie concernant nos habitudes de santé, et comme nous l'avons mentionné au chapitre 15, une bonne santé est l'un des éléments essentiels du bonheur en général.

L'espérance de vie moyenne des hommes est aujourd'hui (en 2009) de 76,8 ans, celle des femmes de 79,8 ans, soit environ 80 ans, et ce chiffre augmente chaque année. Cela signifie que 50 % de la population mourra avant l'âge de 80 ans et 50 % mourra après cet âge. Notre objectif est de défier les moyennes et de vivre jusqu'à 90, 95 ans, voire plus.

Vivre une longue vie

De nos jours, la plupart des causes de décès précoce qui raccourcissaient la vie auparavant ont été éliminés dans les pays industrialisés. Des maladies telles que la tuberculose, la polio, la malaria, le choléra, le typhus et d'autres ont été éradiquées grâce aux mesures sanitaires et à la médecine moderne.

Aujourd'hui, les principales causes de décès prématurés sont les maladies cardiaques, les différents cancers, le diabète et les accidents de la route, autant de facteurs que l'on ne peut contrôler que dans une certaine mesure.

Nous ne pouvons pas prédire ou nous protéger contre l'imprévisible, comme les accidents, mais nous pouvons utiliser notre autodiscipline pour contrôler ce qui est contrôlable dans notre vie.

Sept habitudes de santé essentielles : un peu d'autodiscipline peut prolonger la vie

L'étude d'Alameda, qui a porté sur plusieurs milliers de personnes pendant plus de 20 ans, a conclu que sept habitudes de santé essentielles contribuaient davantage à une longue vie :

1. **Manger régulièrement :** plutôt que de jeûner, de s'affamer ou de s'empiffrer. Manger des repas normaux et sains, de préférence 5 ou 6 fois par jour, le dernier repas devant avoir lieu au moins 3 heures avant le coucher.

2. **Manger léger :** trop manger nous fatigue et nous rend léthargique, alors que manger léger nous rend alerte et en

bonne santé. Comme l'a écrit Thomas Jefferson, « Personne n'a jamais regretté d'avoir mangé trop peu après un repas. »

3. **Ne pas grignoter entre les repas :** lorsque nous mangeons, notre corps doit décomposer et digérer les aliments dans notre estomac pour qu'ils puissent passer dans notre intestin grêle. Ce processus prend 4 à 5 heures. Si nous ajoutons des aliments à ceux que nous avons déjà mangés, le processus de digestion doit recommencer, avec une partie des aliments à un stade de digestion et une autre partie à un différent stade. Cela entraîne des maux et brûlures d'estomac, de la somnolence (surtout l'après-midi) et de la constipation.

4. **Faire régulièrement de l'exercice :** l'idéal est d'environ 30 minutes par jour, soit 200 minutes par semaine. On peut marcher, courir, nager et/ou utiliser des équipements sportifs. Il faut solliciter pleinement chaque articulation, tous les jours.

5. **Mettre sa ceinture de sécurité :** jusqu'à l'âge de 35 ans, la cause la plus fréquente de décès prématuré est l'accident de la route.

6. **Ne pas fumer** : le tabagisme est lié à 32 maladies différentes, dont le cancer du poumon, le cancer de l'œsophage, le cancer de la gorge, le cancer de l'estomac, les maladies cardiaques et diverses autres affections.

7. **Boire de l'alcool avec modération :** des études montrent que 1 à 2 verres de vin par jour facilite la digestion et semblent être bénéfiques pour la santé en général. Toute

consommation excessive entraîne toutes sortes de problèmes, notamment de la suralimentation, des accidents de la route, des problèmes de personnalité et/ou un comportement antisocial.

Chacun de ces sept éléments qui contribuent à une longue vie est purement une question d'autodiscipline. Ces sept points sont une question de choix. Ce sont des actions que l'on peut décider de prendre ou ne pas prendre délibérément. Nous en sommes totalement maîtres.

Les 5 B d'une excellente santé

Dans mes séminaires de formation personnelle, nous enseignons les 5 « B » pour une excellente santé :

1. Le Bon poids : cela exige un exercice régulier de discipline et de volonté pour atteindre son poids idéal et le conserver tout au long de sa vie, mais les récompenses sont énormes. Nous avons une belle apparence, nous nous sentons bien et nous sommes généralement plus positifs et plus maîtres de notre vie.

2. Le Bon régime : comme le disait Benjamin Franklin, « Mangez pour vivre, plutôt que de vivre pour manger ». Selon des études menées sur des athlètes olympiques de plus de 120 pays, leurs régimes alimentaires ont en commun les 3 facteurs suivants :

1) Des protéines maigres,

2) des fruits et légumes variés, et

3) beaucoup d'eau, environ 8 verres par jour.

Lorsque nous suivons ce « régime olympique », nous nous sentons plus alertes, plus éveillés et plus conscients tout au long de la journée.

3. Le Bon exercice : l'exercice le plus important pour vivre longtemps est l'aérobic. Pour cela, il faut faire monter son rythme cardiaque à un niveau élevé pendant 30 à 60 minutes, trois fois par semaine. On peut y parvenir par la marche rapide, la course, le vélo, la natation ou le ski de fond.

Les physiologistes sportifs ont établi que « l'effet de l'exercice » se manifeste à partir d'environ 25 minutes d'exercice intense. À ce moment-là, notre cerveau libère des endorphines qui nous donnent un sentiment d'exaltation, ou ce que l'on appelle « l'ivresse du coureur ». Cette drogue naturelle, produite par notre corps, peut créer une dépendance tout à fait positive.

Les personnes qui prennent l'habitude de faire régulièrement des exercices intenses constatent que cela devient de plus en plus facile. Ils finissent par attendre avec impatience ce sentiment de bonheur que leur procure l'activité aérobic.

4. Le Bon repos : il s'agit ici d'un élément très important. Plus de 60 % des adultes ne dorment pas suffisamment. Ils souffrent de ce que l'on appelle un « manque de sommeil ». Ils se couchent trop tard, dorment mal, se lèvent trop tôt et passent la journée dans une sorte de « brouillard ». Ce phénomène de manque de repos entraîne des performances médiocres, une multiplication des erreurs, des accidents du travail, des accidents de voiture, des colères, des problèmes de personnalité et bien d'autres difficultés.

Lorsque nous menons une vie normale, nous avons besoin d'environ 8 heures de sommeil par nuit. Si nous ne dormons que 6 ou 7 heures alors que nos besoins sont de 8 heures, nous accumulons ce manque de sommeil. À la fin de la semaine, lorsque nous nous levons le matin, la première chose à laquelle nous pensons est de savoir quand nous pourrons nous recoucher. Lorsqu'on pense à se rendormir au moment où l'on se lève, c'est un signe indiquant que l'on ne dort pas assez.

En plus de 8 heures de sommeil par nuit, nous avons besoin de pauses régulières au travail, même les week-ends et pendant les vacances. Lorsque nous faisons des coupures au travail, nous permettons à nos batteries mentales et émotionnelles de se recharger. Après un week-end de 2 ou 3 jours, lorsque nous reprenons le travail, nous sommes complètement reposés et prêts à donner le meilleur de nous-mêmes.

5. La Bonne attitude : c'est peut-être le point le plus important de tous. La caractéristique qui prédit le mieux la santé, le bonheur et la longévité est « l'optimisme ». Plus nous sommes optimistes, meilleure est notre santé dans tous les domaines.

Les personnes positives et optimistes ont généralement un meilleur système immunitaire, si bien qu'elles sont rarement malades. Elles ont rarement des rhumes ou des grippes. Elles se remettent rapidement d'un travail difficile ou de la fatigue. Une personne optimiste dispose d'une « armure » invisible la protégeant contre de nombreuses maladies et affections qui touche le commun des mortels.

Maîtriser son poids

Le plus gros problème d'autodiscipline que rencontrent les gens aujourd'hui est la suralimentation et le surpoids. Plus de 60 % des Américains sont officiellement en surpoids, et plus de 30 % sont obèses, c'est-à-dire qu'ils ont un poids supérieur de plus de 30 % de leur poids normal. Aucun domaine ne requiert plus d'autodiscipline que celui de la maîtrise du poids et du maintien de ce poids durant toute la vie.

Nous avons tous entendu dire que « les régimes ne fonctionnent pas ». Cela signifie en réalité que lorsque nous nous affamons pour perdre du poids, nous avons tendance à reprendre le poids presque aussi vite que nous l'avons perdu. Il y a de nombreuses raisons à cela.

Chaque personne dispose d'un certain taux métabolique. Il s'agit de la vitesse à laquelle on brûle de l'énergie. Ce taux métabolique est déterminé tout au long de notre vie par la quantité de nourriture que nous mangeons par rapport à la quantité d'exercice que nous faisons pour l'éliminer.

En plus de notre taux métabolique, nous avons ce que l'on appelle un « point de consigne ». C'est là que notre poids est réglé, comme un thermostat, et qu'il revient, quelle que soit la quantité que nous perdons en suivant un régime draconien.

Changer son point de consigne

Pour perdre du poids de façon permanente, nous devons modifier notre point de consigne pour le ramener à un chiffre inférieur. Pour y parvenir, la première chose à faire est de se créer une image mentale précise de l'apparence que nous voulons avoir lorsque nous aurons atteint notre poids idéal. Prendre une photo dans un magazine d'une personne qui a le corps que nous voulons avoir, et coller cette photo à la place de son corps.

Nous entamons alors une démarche progressive visant à modifier définitivement la qualité et la quantité de ce que nous mangeons, sans intention de revenir en arrière. Préparons-nous à travailler sur ce changement permanent pendant au moins un an. N'oublions pas que si nous sommes en surpoids, il nous a fallu de nombreuses années pour en arriver là, il faut donc être prêt à investir beaucoup de temps pour retrouver son poids idéal.

L'erreur fatale des régimes

Beaucoup de personnes suivent un régime et perdent du poids en ayant l'idée que, dès qu'elles auront perdu un certain nombre de kilos, elles pourront se récompenser en sortant et en mangeant un repas copieux ou en consommant des desserts à volonté. En d'autres termes, elles utilisent l'idée de se goinfrer de nourriture comme récompense pour avoir perdu du poids en premier lieu. Cette approche est vouée à l'échec.

Nous devrions plutôt mettre en place un système de récompense qui n'inclut pas la nourriture. Par exemple, nous acheter de nouveaux vêtements que nous ne pourrons porter qu'une fois notre poids idéal atteint, ou s'offrir des vacances en famille, ou encore parier avec quelqu'un que nous allons perdre du poids et qu'au final nous ne le reprendrons pas pendant au moins un an.

La méthode pour une perte de poids permanente

La clé d'une santé parfaite peut être résumée en 6 mots : « Mangez moins, faites plus de sport. »

La seule manière de perdre du poids de façon permanente est de brûler plus de calories que nous n'en consommons. Il n'y a pas d'autre moyen. Et cela ne peut se faire que sur une longue période, surtout si nous avons pris beaucoup de poids.

Dans mon programme, « Thinking Big » (Penser grand), nous enseignons l'importance d'éviter les 3 poisons blancs : le sucre, le sel et la farine.

Se débarrasser du sucre. Pour perdre du poids définitivement et avoir une bonne santé et de l'énergie, nous devons éliminer tous les sucres simples de notre alimentation. Les sucres simples sont contenus dans les bonbons, les gâteaux, les pâtisseries, les desserts, les boissons gazeuse, les fruits en conserve, le sucre dans le café et toutes les autres formes de sucre que nous consommons en grande quantité tous les jours.

Le fait est que nous n'avons *pas besoin de sucre rajouté* pour être en excellente santé. En éliminant simplement tout le sucre et les produits sucrés de notre vie, en se sevrant du sucre, nous commencerons à perdre jusqu'à un kilo par jour.

Oublier le sel. Nous devrions également éliminer tout sel de notre alimentation. L'Américain moyen obtient suffisamment de sel dans tous les aliments qu'il mange, mais il consomme chaque année 10 kg de sel supplémentaire en mangeant des aliments à forte teneur en sel et en ajoutant du sel à ses repas.

Lorsque nous consommons un excès de sel, notre corps retient l'eau afin de maintenir ce sel en suspension. Lorsque nous cessons de consommer des quantités excessives de sel et que nous buvons dans un même temps 8 verres d'eau par jour, notre corps libère tout l'excès de liquide et nous pouvons constater des baisses de poids allant jusqu'à 2 ou 3 kilos le premier jour.

Éviter les farines blanches. Enfin, il faut éliminer de notre alimentation tous les produits à base de farine blanche. Cela signifie tous les pains, toutes les pâtisseries, toutes les pâtes, le riz, les brioches, les petits pains et tout ce qui est fabriqué avec de la farine blanche.

La farine blanche est en fait une « substance inerte » dont tous les éléments nutritifs ont été retirés, puis blanchis. Lorsque nous voyons les mots « pain blanc enrichi », cela signifie que la farine blanche, qui est essentiellement une matière alimentaire morte, a été enrichie de vitamines chimiques artificielles, dont la quasi-totalité est ensuite détruite au cours du processus de cuisson. Un produit à base de farine blanche n'a aucune valeur alimentaire.

Un simple changement de régime

Il y a quelque temps, j'ai reçu la lettre d'un homme de 32 ans vivant en Floride. Il me disait qu'il avait lu mes livres et écouté mes programmes pendant des années. Il avait atteint un niveau de réussite financière et professionnelle supérieur à ce qu'il avait pu imaginer. Mais il avait toujours un excédent de poids de 10 kg dont il n'arrivait pas à se débarrasser, quoi qu'il fasse.

Puis un jour, il a écouté « Thinking Big », et il a entendu mes propos sur les 3 poisons blancs. Heureusement, il était à la fois discipliné et déterminé. Il a utilisé sa volonté pour arrêter ces 3 aliments immédiatement.

Il a dit que ce qui s'est passé ensuite était tout simplement miraculeux. En l'espace de six mois, il avait perdu 22 kilos et n'avait plus rien repris pendant deux ans. Il disait qu'il avait changé d'apparence, qu'il se sentait différent, qu'il était plus attirant pour les personnes du sexe opposé et qu'il avait plus de confiance et d'estime de soi. Toute sa vie s'était améliorée depuis qu'il avait perdu ses kilos superflus.

Vivre jusqu'à 100 ans

Notre objectif dans la vie devrait être de jouir de la meilleure santé et de la plus grande énergie possible. Pour cela, il faut manger les bons aliments et en quantité suffisante. Nous devons faire de l'exercice régulièrement et bouger chaque articulation de notre corps, quotidiennement.

Pour profiter d'une excellente santé physique, nous devons bien nous reposer et nous divertir. Par-dessus tout, nous devons adopter une attitude mentale positive, chercher le bon côté de chaque situation et rester déterminés à être une personne totalement positive.

Dans chacun de ces domaines, l'exercice de l'autodiscipline et de la volonté nous apportera des récompenses qui dépasseront de loin les efforts que nous aurons fournis. En pratiquant l'autodiscipline dans nos habitudes de santé, nous pouvons vivre plus longtemps et mieux que nous ne l'aurions jamais imaginé. Le chapitre 17 fournit encore plus d'idées, spécifiquement axées sur l'exercice et la forme physique.

Exercices Pratiques :

1. Optimisez votre santé : si vous pouviez, d'un coup de baguette magique, rendre votre santé parfaite à tous points de vue, en quoi serait-elle différente d'aujourd'hui ?

2. Décidez de faire du reste de votre vie le meilleur de votre vie : quelle est la première chose que vous devriez changer ou faire ?

3. Faites un check-up complet et demandez à votre médecin des conseils sur la manière d'obtenir une excellente santé. Ensuite, *suivez* ces conseils.

4. Définissez votre poids idéal et fixez-le comme objectif. Utilisez le processus de fixation d'objectifs que vous avez appris au chapitre 4 pour établir un plan afin de le réaliser et de le conserver à vie.

5. Utilisez le mindstorming (décrit au chapitre 4) et rédigez une liste d'au moins 20 réponses à la question : « Que puis-je faire chaque jour pour profiter d'un niveau de santé et d'énergie exceptionnel ? »

6. Revoyez les habitudes de santé et les recherches abordées dans ce chapitre et donnez-vous une note de 1 à 10 sur la façon dont vous les mettez en pratique.

7. Décidez d'une action spécifique que vous allez entreprendre immédiatement pour vous assurer de vivre jusqu'à 80, 90 ans, voire plus.

Chapitre 17

L'AUTODISCIPLINE ET LA CONDITION PHYSIQUE

« La force mentale regroupe beaucoup de choses et l'expliquer est assez difficile. Ses qualités sont le sacrifice et l'abnégation. Mais aussi et surtout, la force mentale est associée à une volonté parfaitement disciplinée qui refuse d'abandonner. C'est un état d'esprit que l'on pourrait appeler un caractère en action. »

— Vince Lombardi

Atteindre et maintenir un bon niveau de forme physique exige toute une vie d'autodiscipline et de volonté. Heureusement, la santé physique est sa propre récompense. Non seulement, nous nous sentons bien lorsque nous faisons de l'exercice, mais nous sommes également très bien dans notre peau le reste du temps.

Si nous voulons vivre une longue vie, en bonne santé, heureux et en pleine forme physique, rien ne remplace l'exercice régulier. Par chance, on n'a pas besoin de s'entraîner pour les Jeux olympiques ou pour un triathlon afin de bénéficier d'une très bonne santé physique. Intégrer l'exercice physique dans notre routine quotidienne permet d'atteindre une excellente forme physique en modifiant notre mode de vie.

Écouter les experts

Les professionnels de fitness s'accordent à dire qu'il faut faire 200 à 300 minutes d'exercice par semaine pour atteindre un niveau maximal de bien-être physique. Cela signifie que l'on doit faire entre 30 et 60 minutes d'exercice, 5 à 7 fois par semaine.

Au minimum, si l'on faisait simplement une promenade de 30 minutes chaque matin avant de partir travailler, chaque soir en rentrant du travail et chaque week-end, on ferait partie des personnes les plus saines.

En augmentant chaque séance d'exercice à 60 minutes, 5 fois par semaine, on se situe alors dans les 1 à 2 % des personnes en parfaite condition physique dans le monde d'aujourd'hui.

Commencer dès la première heure

Le meilleur moment pour faire de l'exercice est dès la première heure. Faire de l'exercice pendant 30 à 60 minutes tous les matins devient facilement une habitude quotidienne.

En revanche, les personnes qui repoussent l'exercice à plus tard dans la journée, par exemple après le travail, trouvent presque toujours qu'elles sont trop fatiguées, ou qu'elles ont trop de choses à faire, et remettent l'exercice à un autre jour, qui n'arrivera jamais.

Il faut énormément de discipline pour adopter et suivre un programme d'exercice régulier. Il est plus facile de parvenir à cette discipline en se levant le matin et en commençant immédiatement à faire de l'exercice.

Trouver l'astuce

De nombreuses personnes, dont je fais partie, trouvent comme astuce pour faire de l'exercice de mettre leurs vêtements de sport juste à côté du lit, afin de tomber dessus lorsqu'elles se lèvent. Sans être vraiment réveillées, elles se retrouvent à enfiler leur jogging et leurs chaussures de course pour faire le tour du pâté de maisons. Avant même de se rendre compte de ce qui s'est passé, elles sont à mi-chemin de leur entraînement, leur rythme cardiaque est élevé, leurs poumons sont gonflés et elles se sentent bien dans leur peau.

Lorsque les gens reviennent d'une course matinale, ou de toute autre forme d'exercice, ils sont toujours heureux et souriants. Cela est dû à « l'effet d'effort » qui se manifeste après 25 ou 30 minutes. Leur cerveau libère des endorphines et ils sont euphoriques.

Augmenter son intelligence

Il a été démontré que les personnes qui font de l'exercice aérobic dès le matin sont plus vives, plus créatives et plus intelligentes tout au long de la journée. Elles obtiennent de meilleurs résultats aux tests d'intelligence et semblent avoir plus d'idées pour améliorer leur travail au cours de la journée.

La raison à cela est évidente. Lorsqu'on pratique un sport dès le matin, on envoie du sang hyper-oxygéné dans le cortex cérébral, la partie du cerveau utilisée pour réfléchir, analyser et prendre des décisions. Cela nous réveille et nous rend alertes dès le matin et pendant plusieurs heures.

Lorsque nous faisons de l'exercice dès le matin, notre métabolisme passe à la vitesse supérieure. Par conséquent, notre corps continue à brûler des calories tout au long de la journée. Nous continuons à perdre du poids pendant plusieurs heures après avoir fait de l'exercice.

Lorsque nous faisons du sport le matin, ou à tout autre moment de la journée, nous avons faim. Mais comme nous faisons travailler notre corps d'une manière très saine, nous avons un appétit spontané pour des aliments sains. Nous n'aurons pas ou peu envie d'aliments sucrés ou de desserts.

Intégrer l'exercice dans son mode de vie

L'une des meilleures choses à faire pour atteindre et maintenir une excellente forme physique est de s'inscrire dans une salle de sport et de suivre régulièrement des cours. On peut même payer un peu plus cher et s'offrir un coach personnel qui nous fera suivre un programme d'exercices plusieurs fois par semaine.

Nous sommes beaucoup plus susceptibles de nous discipliner pour entamer et maintenir un programme de remise en forme si nous avons quelqu'un qui nous attend à un cours et nous surveille régulièrement pour s'assurer que nous suivons le programme que nous nous sommes engagés à tenir.

De nos jours, de nombreuses personnes ont des coachs personnels. Un coach peut se rendre à notre domicile ou sur notre lieu de travail, ou nous pouvons aller dans une salle de sport disposant de coachs qui nous forment aux équipements spécifiques que nous voulons utiliser.

Les personnes qui font appel à un coach sont presque toutes satisfaites des résultats. Elles constatent que le fait de devoir rendre des comptes à un entraîneur exerce une influence positive sur elles, les incitant à manger moins, de sorte à avoir moins de calories à brûler et à faire plus d'efforts lorsqu'elles font du sport pour mériter la reconnaissance du coach.

Adhérer à un sport organisé

Les sports organisés sont un excellent moyen d'atteindre et de maintenir une bonne condition physique. Ils sont beaucoup plus exigeants en termes de temps et d'horaires, mais les retombées sont souvent incroyables.

Si nous sommes membres d'une ligue sportive (qu'il s'agisse de base-ball, de tennis, de football, de rugby, de racquet-ball ou autre) et que nous avons un coach avec qui nous travaillons régulièrement, nous aurons tendance à être plus concentrés et disciplinés. Nous nous entrainerons plus souvent et plus intensément. Nous serons plus en forme et plus minces que la plupart des gens.

Développer de nouvelles et meilleures habitudes

Malheureusement, la forme physique et l'entraînement sportif exigent une telle *discipline* que peu de personnes sont capables de commencer et poursuivre ce type de programme sportif. Que ce soit pour le meilleur ou pour le pire, ce que l'on fait de manière répétée devient une routine. Beaucoup de gens perdent l'habitude de faire de l'exercice régulièrement et ne reviennent jamais en arrière.

Heureusement, il n'est jamais trop tard. Chacun peut décider à tout moment de bénéficier d'une bonne condition physique. Nous pouvons décider, dès *maintenant*, de commencer un programme de remise en forme lambda, de le considérer comme une épreuve ou un défi, afin de voir si nous avons la volonté et la *discipline* nécessaires d'aller au bout de notre décision.

Nous pouvons commencer dès aujourd'hui

Il y a quelques années, une femme de 68 ans, vivant dans un établissement pour personnes âgées, n'avait jamais accordé beaucoup d'importance à l'exercice physique. Elle avait travaillé dur, élevé ses enfants, était devenue grand-mère et vivait maintenant confortablement dans une résidence pour personnes âgées.

Un jour, elle a vu un reportage télévisé sur le jogging. Durant cette émission, ils ont interviewé quelques seniors âgés de 50 à 60 ans qui couraient des marathons. Certains d'entre eux avaient commencé à courir sur le tard.

En voyant cela, cette femme de 68 ans a décidé qu'elle voulait elle aussi courir un marathon. Elle s'est rendue dans un magasin de sport pour acheter des chaussures adaptées à la marche et à la course. Ce jour-là, elle a entamé son programme d'exercices en marchant dans son quartier. Au cours des semaines suivantes, elle a parcouru de plus grandes distances. Elle a acheté des livres, a demandé conseil sur la façon de faire de l'exercice et comment entraîner ses jambes pour la course.

Progresser petit à petit

Après 2 mois, elle a commencé à faire un peu de jogging pendant sa routine de marche. Après 6 mois, elle s'est mise à courir. À la fin de la première année, elle a participé à un mini-marathon dans sa localité.

À 75 ans, elle avait accompli dix semi-marathons et deux marathons de cross-country de 50 miles. Et le plus incroyable, c'est qu'elle n'avait jamais couru avant l'âge de 68 ans.

Alors quelle est *notre* excuse ? Si cette femme de 68 ans a pu commencer à faire de l'exercice si tard dans sa vie, pourquoi pas *nous* ?

L'une des meilleures garanties pour vivre une longue vie heureuse, brillante, alerte et pleine d'énergie, est de commencer un entraînement physique régulier, 4 ou 5 jours par semaine, et de le poursuivre toute notre vie.

Lorsque nous faisons preuve d'autodiscipline et de volonté pour atteindre une bonne condition physique, la maintenir année après année, nous nous sentons vraiment bien dans notre peau.

Dans le chapitre suivant, nous apprendrons comment l'autodiscipline dans le mariage peut avoir un impact merveilleux pour assurer une longue vie de bonheur et d'épanouissement avec une autre personne.

Exercices Pratiques :

1. C'est aujourd'hui le jour J ! Décidez que vous allez atteindre la meilleure condition physique de votre vie et agissez immédiatement.

2. Passez un examen médical complet afin de connaître votre état et vos limites avant de commencer.

3. Commencez à marcher 30 minutes par jour, de préférence le matin ou, si ce n'est pas le matin, tout de suite après le travail.

4. Inscrivez-vous dans une salle de sport, payez pour un an et engagez-vous à vous entraîner 5 fois par semaine, 60 minutes chaque fois.

5. Engagez un coach et demandez-lui de vous guider dans un programme comprenant des exercices d'aérobic, de force et de souplesse, chaque semaine.

6. Investissez dans un tapis de course, un vélo d'intérieur ou une machine elliptique, placez-les devant votre télévision pour que l'exercice fasse partie de votre vie familiale.

7. Commencez progressivement, augmentez vos efforts et décidez de faire de l'exercice pendant plusieurs semaines avant de constater une différence majeure. Soyez patient, persévérant et déterminé.

Chapitre 18

L'AUTODISCIPLINE ET LE MARIAGE

*« Mieux vaut se vaincre que gagner mille combats.
Alors la victoire est à vous. Elle ne peut pas vous être enlevée,
ni par les anges ni par les démons, le ciel ou l'enfer. »*

— Bouddha

Notre capacité à nous engager dans une relation amoureuse à long terme est un indicateur important de notre caractère et de notre personnalité.

Les hommes et les femmes sont nés pour être deux moitiés qui forment un tout. Ils ont des qualités et des traits différents qui, lorsqu'ils sont bien associés, permettent d'atteindre l'équilibre et l'harmonie que la nature exige.

Les qualités de base du mariage et des relations amoureuses sont la confiance et le respect. Les hommes et les femmes peuvent avoir de nombreux désaccords au cours de leur vie de couple, mais tant que la confiance et le respect entre eux subsistent, le mariage peut durer indéfiniment. Si jamais l'un ne peut plus faire confiance à l'autre ou ne le respecte plus, la relation est vouée à l'échec.

De nombreux mariages se terminent par un divorce et de nombreuses personnes divorcées se marient plusieurs fois, chacune d'entre elles se soldant par un échec. Pourtant, certaines personnes se marient une fois et restent mariées avec satisfaction pour le reste de leur vie. Pourquoi ?

La clé d'un mariage heureux

La raison la plus importante d'un mariage heureux est peut-être la *compatibilité*. Les deux personnes sont idéalement équilibrées l'une avec l'autre, chacune possédant des qualités et des traits complémentaires qui se combinent aisément pour former un équilibre parfait.

On dit souvent que « les opposés s'attirent ». Ce n'est pas le cas. Les opposés ne s'attirent que dans un seul domaine, celui du *caractère*. On sera toujours plus compatible avec une personne dont le caractère est opposé au sien ou qui le contrebalance.

Ainsi, si nous sommes ouverts et extravertis, nous serons plus compatibles avec une personne plus réservée et renfermée. Si nous sommes volubiles et expressifs, nous serons plus compatibles avec une personne détendue et à l'écoute. La nature exige un équilibre entre les tempéraments pour que deux personnes soient compatibles et heureuses ensemble.

Qui se ressemble

Dans tous les autres domaines, et notamment dans celui des *valeurs*, ce sont les similitudes qui attirent. Qui se ressemble s'assemble vraiment. Nous serons toujours plus attirés et compatibles avec les personnes qui ont le plus grand nombre de valeurs essentielles en commun avec nous-mêmes.

L'amour, quel qu'il soit, est la réponse à une valeur. Nous aimons ce que nous apprécions le plus, en nous-mêmes et chez les autres. Lorsqu'un couple est vraiment heureux, il semble avoir les mêmes valeurs en ce qui concerne la famille, l'argent, l'éthique, le travail, les enfants, la politique, la religion et les gens.

On soulignera souvent qu'il existe des couples heureux qui votent pour des partis différents ou qui sont issus de milieux religieux différents. Mais le point critique de l'équilibre et de l'harmonie tourne autour de l'intensité avec laquelle une personne valorise quelque chose. Cette intensité définit si une personne est catégorique et inflexible, ou décontractée et ouverte, dans son engagement envers une croyance spécifique sur un aspect précis de la vie.

Les gens peuvent s'aimer et vivre ensemble heureux pendant de nombreuses années même s'ils soutiennent des partis politiques différents, à condition que les convictions politiques ne soient pas si significatives qu'elles prennent le pas sur des éléments plus importants de leur relation, tels que les enfants, la famille et l'éthique.

L'amour est notre plus grand besoin dans la vie

On dit que « Tout ce que nous faisons dans la vie est soit pour obtenir de l'amour, soit pour compenser un manque d'amour ». Les psychologues s'accordent généralement à dire que la cause profonde des problèmes de personnalité à l'âge adulte remonte à « l'amour restreint » dans la petite enfance et l'enfance.

Les gens ont besoin d'amour comme une fleur a besoin d'eau. Sans amour et reconnaissance suffisants, les individus présentent toutes sortes de problèmes de personnalité et de santé. Il n'est possible d'être heureux que lorsque ses besoins d'amour sont entièrement satisfaits.

Un mariage heureux exige une autodiscipline et une maîtrise de soi considérables. L'amour exige l'abnégation et le sacrifice. Lorsque l'on est vraiment amoureux, le bonheur et le bien-être de cette personne deviennent plus importants que le sien. On est prêt à payer n'importe quel prix, à sacrifier tout ce que l'on a, pour assurer le bien-être de la personne que l'on aime.

Dans une lettre aux Corinthiens de la Bible chrétienne, l'apôtre Paul dit : « L'amour prend patience ; l'amour rend service ; l'amour ne jalouse pas ; il ne se vante pas, ne se gonfle pas d'orgueil. »

« L'amour ne fait rien d'inconvenant ; il ne cherche pas son intérêt ; il ne s'emporte pas ; il n'entretient pas de rancune ;

L'amour ne se réjouit pas de ce qui est injuste, mais il trouve sa joie dans ce qui est vrai ;

L'amour supporte tout, il fait confiance en tout, il espère tout, il endure tout. »

Des caractères différents requièrent tolérance et compréhension

Chaque personne est un individu, avec des traits uniques et singuliers qui la rendent différente de tous les autres. Chaque personne a des idées, des goûts, des désirs, des espoirs, des rêves et des attentes différents. Chaque personne a vécu des expériences différentes et a adopté des façons différentes de voir et de traiter le monde qui l'entoure.

Lorsque nous nous engageons dans une relation amoureuse, même si nous nous sentons très proches l'un de l'autre et que nous sommes en parfaite harmonie à bien des égards, nous aurons toujours des points de désaccord, d'insatisfaction et de mécontentement. Il s'agit là d'un phénomène tout à fait normal, qui doit être résolu par l'autodiscipline et la maîtrise de soi chaque fois que ces différences apparaissent.

L'autodiscipline dans une relation demande d'être complètement honnête et ouvert, d'être soi-même et de ne jamais essayer d'être quelqu'un ou quelque chose d'autre. L'autodiscipline et l'honnêteté impliquent que nous disions clairement ce que nous pensons et ressentons, sans colère ni énervement, et que nous écoutions calmement et patiemment les sentiments, les pensées et les opinions de l'autre.

Modes de communication homme-femme

Les hommes et les femmes sont différents à bien des égards. Selon les examens d'IRM, lorsque les hommes communiquent, ils utilisent seulement deux centres de leur cerveau. Lorsque les femmes communiquent, elles utilisent 7 centres de leur cerveau. Les hommes n'auraient que deux lampes frontales pour communiquer, alors que le cerveau d'une femme serait comme un arbre de Noël tout illuminé.

Les hommes ne peuvent gérer qu'une seule entrée sensorielle à la fois, alors que les femmes peuvent en gérer plusieurs. Lorsqu'un homme regarde la télévision, il ne voit ni n'entend rien d'autre, y compris les mots qui lui sont adressés autour lui. Il est totalement absorbé par les images et le son.

Lorsqu'un homme conduit une voiture, il doit baisser le son de la radio pour lire une carte. Il doit baisser le son de la télévision ou de la radio pour répondre au téléphone. Il ne peut pas lire et écouter ou regarder en même temps. Les hommes peuvent faire beaucoup de choses extrêmement bien, mais ils ne peuvent faire qu'une seule chose à la fois. Les hommes sont généralement très concentrés.

Quant aux femmes, elles peuvent parler, préparer le dîner, regarder la télévision, lire le courrier du jour et parler à leurs enfants ou à leur mari, tout cela en même temps. Elles sont polyvalentes et peuvent traiter plusieurs données simultanément. Elles peuvent parler et écouter en même temps, et être conscientes de ce que font et disent les gens autour d'elles.

Les femmes sont des expertes en relations, elles sont très sensibles aux autres. Lorsqu'un homme et une femme participent à une réunion sociale, en l'espace de 10 minutes, la femme aura analysé et évalué la situation et les autres personnes présentes dans la pièce. Par contre, l'homme qui l'accompagne n'aura rien remarqué ou presque. Cela s'explique par le fait que les hommes ont une pensée simple et directe, alors que les femmes sont complexes, conscientes des petits détails et extrêmement sensibles à la dynamique et aux nuances des relations entre les personnes qui les entourent.

Un homme peut appeler sa femme au téléphone et lui dire « Bonjour ». Bien qu'elle n'ait entendu qu'un seul mot, elle demandera immédiatement : « Qu'est-ce qui ne va pas ? » Un seul mot au téléphone, ou un seul regard lorsqu'il franchit la porte, peut lui apporter une quantité d'informations et d'émotions.

Construire une relation demande des efforts

Compte tenu des nombreuses différences entre les hommes et les femmes, il faut beaucoup de discipline pour construire et entretenir une relation durable, aimante et heureuse.

Le critère le plus important de compatibilité est sans doute celui de *l'écoute*. Ce n'est que lorsque deux personnes prennent le temps de s'écouter attentivement lorsqu'elles se parlent que les voies de communication restent ouvertes et que l'amour et l'harmonie perdurent dans la relation.

Il existe 4 pratiques simples pour une écoute efficace. Elles sont surtout importantes pour les hommes, qui sont connus pour ne pas savoir écouter, surtout leurs femmes. Ce n'est pas parce qu'ils ne sont pas intéressés, c'est simplement parce que leur esprit est concentré sur autre chose et qu'ils sont facilement distraits.

Les pratiques de l'écoute

Écouter attentivement. La première de ces pratiques consiste à écouter *attentivement*, sans interrompre. Écouter comme si l'autre personne était sur le point de révéler un grand secret, ou le numéro gagnant de la loterie, et que nous ne pouvions l'entendre qu'une seule fois.

Si nous sommes un homme, lorsqu'elle veut nous parler, mettons de côté toutes les distractions possibles. Éteignons la télévision ou la radio. Posons le journal ou le courrier. Regardons-la en face, penchons-nous légèrement en avant et concentrons-nous sur ce qu'elle dit.

Le livre *Elle et lui : combler les besoins de chacun pour une relation durable* souligne que le besoin le plus important d'une femme vis-à-vis d'un homme est *l'affection*. L'affection s'exprime en lui accordant une attention totale lorsqu'elle parle. Étant donné que l'on prête toujours attention à ce que l'on apprécie le plus, lorsque l'on prête une attention particulière à une autre personne pendant qu'elle parle, on lui indique qu'elle a une grande valeur à nos yeux. Cela satisfait les besoins subconscients les plus profonds d'une femme : se sentir appréciée, importante et respectée.

Marquer une pause avant de répondre. La deuxième pratique d'écoute consiste à marquer une pause avant de répondre. Prendre quelques secondes pour examiner attentivement ce qu'il ou elle a dit. Lorsque l'on fait une pause, on évite le risque d'interrompre l'autre personne si elle est en train de reformuler ses pensées. On lui dit que l'on accorde de l'importance à ce qu'elle a dit et que l'on prend ses paroles en compte.

Un autre avantage de marquer une pause, de laisser un silence dans la conversation, est que cela nous permet d'entendre non seulement ce qui a été dit, mais aussi les *non-dits*, ou ce qui a été dit entre les lignes. Le message s'imprègne au plus profond de notre esprit, ce qui nous permet de mieux comprendre et donc de répondre avec plus de discernement et de sensibilité.

Demander des précisions. La troisième pratique d'une écoute efficace consiste à poser des questions pour obtenir des précisions. Ne jamais supposer que l'on sait automatiquement ce que l'autre personne pense ou ressent. Au contraire, si l'on n'est pas sûr d'avoir bien compris, il suffit de demander : « Que veux-tu dire ? » ou « Que veux-tu dire exactement ? »

C'est en posant des questions et voulant comprendre le sens des choses que nous montrons à l'autre que nous nous intéressons vraiment à ce qu'il dit et que nous sommes sincèrement intéressés à savoir ce qu'il pense et ressent.

Paraphraser. La quatrième pratique d'une écoute efficace consiste à restituer ce que l'autre personne a dit et à le paraphraser dans nos propres mots. Il s'agit du « critère déterminant » de l'écoute. C'est là que nous démontrons à l'autre personne que nous étions réellement attentifs. C'est seulement lorsque nous pouvons répéter ce que l'autre personne vient de dire, dans nos propres mots, que nous lui prouvons que nous l'avons vraiment écoutée.

La plupart des problèmes dans une relation sont dus à une mauvaise communication. Le couple ne parle pas assez souvent ensemble, ou bien l'un n'écoute pas attentivement quand l'autre parle.

Chacun a également un besoin émotionnel d'écouter jusqu'à un certain point. Les couples les plus compatibles et harmonieux sont ceux où les désirs de parler et d'écouter sont en parfait équilibre l'un avec l'autre. Le flux de la conversation est facile, ponctué de silences agréables. Chaque personne a la possibilité de satisfaire son besoin de parler et d'écouter, et les deux personnes sont satisfaites.

Un engagement total est essentiel

L'amour et le mariage impliquent un engagement total de la part des deux personnes. Il faut beaucoup de discipline pour se lancer à fond dans une relation. Mais c'est aussi extrêmement libérateur. Ce n'est que lorsque l'on est totalement engagé dans une relation avec une seule personne que l'on est parfaitement libre de se consacrer à la réalisation de son potentiel dans les domaines extérieurs de sa vie.

L'une des règles les plus importantes dans un mariage ou une relation est celle de la *fidélité*. Parce que nous vivons dans une société hautement sexualisée, il y a sans cesse des tentations et des provocations autour de nous. Il faut souvent faire preuve d'une autodiscipline et d'une maîtrise de soi considérables pour être entièrement fidèle à son conjoint tout au long de sa vie de couple.

Il y a deux façons d'éviter les tentations régulières qui peuvent nuire ou même détruire la plus aimante des relations :

Tout d'abord, décider à l'avance que l'on ne sera jamais, au grand jamais, infidèle envers son conjoint. Comme si l'on traçait une ligne droite, décider à l'avance que, quoi qu'il arrive, on ne s'écartera pas du chemin pour quelque raison que ce soit.

Deuxièmement, il faut se discipliner pour ne pas se mettre en danger. Éviter d'aller n'importe où, de faire n'importe quoi là où la tentation peut exister, sauf si c'est indispensable pour des raisons professionnelles. Éviter de déjeuner, de boire ou de dîner seul avec un collègue du sexe opposé. Il faut se rappeler que la sécurité est dans la foule.

Imaginons sans cesse, partout où nous allons et dans tout ce que nous faisons, que notre conjoint se tient juste à côté de nous, qu'il regarde et écoute ce que nous disons et faisons. Imaginons que tout ce que nous faisons, où que ce soit, sera signalé à notre conjoint dans les 24 heures. Faire preuve de discipline et de volonté pour construire et maintenir la réputation d'être un conjoint totalement honnête et fidèle.

Être disposé à changer

Chaque mariage est un « travail en cours ». Au fil du temps, notre mariage changera, généralement de manière positive et constructive.

Pour que notre relation reste heureuse, harmonieuse et qu'elle continue à prospérer, nous devons être prêts à changer en fonction des circonstances, notamment lorsque nous avons des enfants et que nous les voyons grandir. Nous devons être prêts à changer en fonction de l'âge, de nouveaux emplois et de nouvelles carrières, de déménagements, de changements dans la situation financière et de changements dans la santé. La souplesse est absolument essentielle à un mariage long et heureux.

Il n'y a que 4 façons de changer notre vie : premièrement, on peut faire plus de certaines choses. Deuxièmement, nous pouvons faire moins d'autres choses. Troisièmement, on peut commencer quelque chose que l'on n'a jamais fait auparavant.

Et quatrièmement, on peut arrêter complètement certaines choses. Chaque fois que l'on éprouve de la résistance ou de la frustration, ou que l'on est confronté à la nécessité d'un changement, il faut se demander : « Y a-t-il quelque chose que je dois faire plus, faire moins, commencer ou arrêter de faire ? »

Les 4 questions que nous devrions poser

Nous devrions régulièrement nous asseoir avec notre conjoint, et plus tard, avec nos enfants, et avoir le courage de leur poser ces quatre questions :

1. Y a-t-il quelque chose que je fais et que tu voudrais que je fasse davantage ?

2. Y a-t-il quelque chose que je fais et que tu voudrais que je fasse moins ?

3. Y a-t-il quelque chose que je ne fais pas aujourd'hui et tu voudrais que je me mette à faire ?

4. Y a-t-il quelque chose que je fais et que tu voudrais que j'arrête de faire ?

Lorsque nous avons le courage et la discipline de poser ces questions à notre conjoint et à nos enfants de façon régulière, nous serons étonnés de la qualité et de la profondeur des réponses que nous obtiendrons. Nous serons en permanence guidés sur la manière dont nous pouvons modifier et ajuster nos comportements pour maintenir des niveaux plus élevés d'harmonie, de bonheur et d'amour avec notre conjoint et les membres de notre famille.

Notre conjoint devrait être notre meilleur ami

L'amour et le mariage sont sans doute les éléments les plus importants d'une vie heureuse et épanouie. Ils exigent un exercice d'autodiscipline et de volonté tout au long de la vie pour créer et maintenir l'harmonie. Ils exigent que l'on soit ouvert, honnête et franc à tout moment.

Plus que tout, un mariage heureux et aimant veut que nous considérions notre conjoint comme notre meilleur ami. Il ne devrait y avoir personne d'autre au monde avec qui nous préférerions passer du temps. Il ne devrait y avoir personne d'autre avec qui nous sommes plus ouverts et honnêtes. Lorsque nous considérons notre conjoint comme notre meilleur ami et que nous le traitons comme tel, nous pouvons créer une relation d'amour qui durera toute notre vie.

Comme l'a écrit Emmet Fox, écrivain et enseignant spirituel, « L'amour est de beaucoup ce qu'il y a de plus important. Il chasse la peur. Il est l'accomplissement de la loi. Il couvre une multitude de péchés. L'amour est absolument invincible. »

« Il n'existe pas de difficultés qu'assez d'amour ne puisse vaincre, pas de maladie qu'assez d'amour ne sache guérir, pas de porte qu'assez d'amour ne puisse ouvrir, pas de précipice qu'assez d'amour ne soit capable de franchir, pas de mur qu'assez d'amour ne puisse abattre, pas de péché qu'assez d'amour ne rachète. »

« Si grave que soit votre préoccupation, si désespérés que soient les perspectives, si embrouillé que paraisse votre problème, si grande que soit votre faute, qu'importe ! Rien de tout cela ne subsistera si vous prenez suffisamment conscience de ce qu'est l'amour.

« Si vous pouviez aimer assez, vous seriez l'être le plus heureux, le plus fort du monde. »

Dans le chapitre suivant, nous verrons comment l'autodiscipline est si importante pour élever des enfants heureux, sains et sûrs d'eux.

Exercices Pratiques :

1. Quelle est la chose que vous pourriez faire en priorité, dès maintenant, pour accroître l'amour et l'harmonie dans votre mariage ou votre relation ?

2. Quelles disciplines ou pratiques pourriez-vous mettre en place pour améliorer la qualité de votre mariage pour l'autre ?

3. Définissez un comportement que vous pourriez adopter pour améliorer la communication dans votre mariage.

4. Asseyez-vous avec votre conjoint et demandez-lui des idées sur ce que vous devriez faire plus, faire moins, commencer ou arrêter de faire.

5. Définissez les deux qualités que vous admirez le plus chez votre partenaire.

6. Définissez les domaines dans lesquels vous et votre partenaire êtes les plus compatibles.

7. Définissez les valeurs les plus importantes que vous et votre partenaire avez en commun.

Chapitre 19

L'AUTODISCIPLINE ET LES ENFANTS

> *« Le respect de soi est le fruit de la discipline ;*
> *le sentiment de dignité grandit avec la capacité de se*
> *dire non à soi-même. »*
>
> — Abraham Heschel

Nous pouvons calculer la valeur ou l'importance de quelque chose que nous faisons en mesurant les conséquences possibles de le faire ou de ne pas le faire. Une chose importante est une chose qui a des répercussions potentielles significatives, comme sauter hors d'une voiture qui roule à toute vitesse. Mettre des enfants au monde a des conséquences qui peuvent se prolonger pendant 80 ans (l'espérance de vie moyenne d'une personne aujourd'hui) et au-delà, dans la vie de nos petits-enfants et arrière-petits-enfants. C'est pourquoi devenir parent est l'une des choses les plus importantes que nous ferons dans notre vie.

Une fois adultes, nous sommes toujours affectés par ce que nos grands-parents ont fait ou n'ont pas fait à nos parents ou pour eux. La façon dont nous traitons nos enfants est fortement influencée par la façon dont nos parents nous ont traités, elle a des répercussions qui se transmettent d'une génération à l'autre et elle a une énorme influence sur leur bonheur et bien-être tout au long de leur vie.

Notre plus grande responsabilité

Lorsque nous avons un enfant, l'autodiscipline est essentielle, au plus haut point, pour respecter notre engagement et assumer notre responsabilité. Le jour de la naissance de notre premier enfant, nous nous engageons pour au moins 20 ans à faire tout notre possible pour que cet enfant devienne un adulte heureux, en bonne santé et sûr de lui.

À chaque stade de sa vie, nos paroles, nos actions, nos inactions et nos comportements le façonnent, l'influencent et déterminent comment il sera à l'âge adulte.

Le plus grand besoin d'un enfant est de recevoir un amour *inconditionnel* et une reconnaissance de la part de ses parents. Les enfants ont besoin d'amour presque autant que d'oxygène. La quantité d'amour qu'un enfant reçoit est déterminante pour sa santé et son bonheur à l'âge adulte.

Comment les enfants épellent « l'amour »

Comment un enfant écrit-il « l'amour » ? T-E-M-P-S. Les enfants déterminent leur valeur et leur importance, développent leur estime de soi et leur caractère, en se basant sur le temps que les personnes les plus importantes leur consacrent lorsqu'ils sont jeunes. Rien ne peut remplacer le temps, et une fois qu'il est perdu, on ne peut le rattraper. Le plus grand regret exprimé par les parents est sans doute le suivant : « Je n'ai pas passé assez de temps avec mon enfant quand il était petit. »

Lorsque nous devenons parents, nous devons nous *discipliner* et organiser notre vie de manière à pouvoir passer suffisamment de temps avec notre enfant tout au long de sa croissance. Nous devons nous discipliner pour réduire, diminuer, restreindre et éliminer les activités qui nous empêchent d'être un excellent parent.

Une prise de conscience

Un de mes bons amis s'est marié il y a quelques années. Il était un golfeur passionné, et jouait au golf 5 fois par semaine, s'envolant souvent vers le sud en hiver pour des vacances de golf lorsque les terrains locaux étaient enneigés.

Quatre ans après leur mariage, ils eurent quatre enfants. Malgré cela, il essayait toujours de jouer au golf plusieurs fois par semaine, prenant congé de son travail pendant la semaine et jouant le week-end.

Finalement, sa femme lui fit remarquer qu'il ne passait pas assez de temps avec ses jeunes enfants. Son golf lui prenait trop de temps au détriment des moments qu'il pouvait passer à la maison avec elle et les enfants, notamment pendant leurs années les plus vulnérables et les plus sensibles.

C'est à ce moment-là qu'il réalisa que sa vie avait changé. Les choses qu'il pouvait faire quand il était célibataire n'étaient plus possibles maintenant qu'il avait des enfants. Très responsable et autodiscipliné, il a immédiatement limité ses parties de golf à une fois par semaine et a consacré son temps et son énergie à sa famille. Il m'a dit plus tard que cela avait fait une différence extraordinaire dans son mariage et dans les relations avec ses enfants.

Établir de nouvelles priorités

Lorsque nous nous marions, notre vie subit un grand bouleversement. Notre style de vie change et beaucoup de nos activités habituelles perdent leur importance et leur urgence.

Lorsque notre premier enfant naît, notre vie est à nouveau bouleversée. On a souvent l'impression que la première étape de notre vie - notre jeunesse - a disparu, comme le premier étage d'une fusée, et que nous sommes maintenant sur une trajectoire différente. En fait, il n'est pas rare que les couples changent complètement leur vie à la naissance de leur premier enfant. Ils diminuent ou interrompent bon nombre de leurs activités sociales antérieures. Ils cessent de dîner et de boire avec leurs amis, et de sortir le week-end.

Ils construisent ensemble une vie différente autour de leur foyer et de leurs enfants. Les enfants deviennent le centre de leur attention. Les enfants deviennent le sujet principal de leurs conversations.

Les parents responsables considèrent l'éducation des enfants comme la partie la plus importante de leur vie. Ils planifient et organisent leur temps et leurs activités afin de pouvoir assumer cette responsabilité au mieux.

Penser à long-terme

Avec les enfants, nous sommes obligés de penser à long terme. Lorsque nous réalisons que tout ce que nous faisons, ou ne faisons pas, avec nos enfants au cours de leur croissance aura un impact durable pour les générations à venir, nous devenons beaucoup plus réfléchis et sensibles aux choses que nous disons et à la façon dont nous les traitons.

Lorsqu'on est jeune et célibataire, on peut « se lâcher ». On peut se déchaîner, se mettre en colère, exprimer ses sentiments librement et « être soi-même ». Mais lorsqu'on a un enfant, on doit s'imposer un niveau plus élevé de discipline et de maîtrise de soi.

Les enfants sont extrêmement influencés par les actions de leurs parents durant leur croissance. Ils perçoivent et vivent chaque mot et chaque réaction de leurs parents, les intègrent dans leur vision du monde et leur image de soi.

Dans la majorité des cas, lorsque nous voyons un adulte en difficulté, nous pouvons remonter jusqu'à un comportement parental dysfonctionnel. Lorsque cet adulte perturbé était enfant, ses parents ont fait ou dit des choses qui l'ont blessé, désorienté, effrayé et ont créé en lui un sentiment d'insécurité, de colère et d'infériorité.

L'amour est le plus beau des cadeaux

Le plus beau cadeau que nous puissions faire à un enfant est de lui faire savoir que nous l'aimons à 100 % et que notre amour pour lui ne changera jamais, quoi qu'il arrive.

Il n'y a pas de plus grand bienfait pour les enfants que de savoir en toute confiance que les personnes les plus importantes de leur vie - leurs parents - les aiment pleinement et les acceptent totalement, quoi qu'ils fassent et malgré leurs erreurs.

Les enfants ne sont pas de petits adultes. Ils n'ont pas la capacité de porter des jugements sur les bonnes ou les mauvaises choses à faire. Il leur faut de nombreuses années d'essais et d'erreurs, et parfois d'expériences amères, pour acquérir la sagesse et le jugement qui leur permettent de prendre de bonnes décisions pour eux-mêmes et leur avenir.

La meilleure façon de traiter ses enfants lorsqu'ils font des erreurs est de se comporter avec calme et compassion, et de les aider à tirer les leçons du problème ou de la difficulté.

Discipline ou développement ?

Bien des parents pensent que leur travail consiste à discipliner leurs enfants en les punissant lorsqu'ils font une bêtise. Dans les années 1930, à l'époque où mes parents grandissaient, on enseignait généralement que le travail du parent consistait à « casser la volonté de l'enfant ». Cette philosophie a donné naissance à une génération d'enfants brisés dont les parents estimaient qu'il était de leur devoir de les modeler et de les façonner pour en faire des petites personnes que leurs parents trouvaient acceptables.

Mais en réalité, chaque enfant est unique et différent. Chaque enfant vient au monde avec son propre tempérament, sa propre personnalité et son penchant naturel pour différents intérêts et activités.

Les parents sont souvent étonnés de voir que leurs enfants sont très différents les uns des autres, bien qu'ils soient issus des mêmes parents et grandissent dans le même foyer. Selon moi, chaque enfant « évolue à son propre rythme. »

Quoique nous fassions pour ou avec eux, ils ont leur propre destin. Ils vont grandir avec leur personnalité, et ils seront attirés par des personnes et des activités bien précises. Notre tâche principale consiste à créer un environnement dans lequel ils se sentent suffisamment en sécurité et en confiance pour suivre leurs motivations profondes et leurs penchants personnels.

Remettre en question ses convictions

Un philosophe a dit un jour : « Avant d'avoir des enfants, j'avais quatre philosophies sur l'éducation des enfants. Maintenant, j'ai 4 enfants et aucune philosophie. »

Chaque enfant est différent. Lorsque nous élevons nos enfants, nous devons être prêts à remettre en question nos convictions les plus chères sur ce qu'ils « devraient » ou « ne devraient pas » faire, dire ou être. Et surtout, il faut être prêt à admettre que nous pouvons *avoir tort*, car nous ferons sans doute beaucoup plus d'erreurs que nous ne puissions imaginer.

La responsabilité la plus importante que nous ayons en tant que parent est certainement celle de transmettre des valeurs à nos enfants, et en priorité la valeur de l'autodiscipline. L'un des souhaits les plus courants des parents pour leurs enfants est de les élever avec le sens de la responsabilité et de la maîtrise de soi. Les parents veulent que leurs enfants soient autodisciplinés, qu'ils pratiquent la maîtrise de soi et l'abnégation, la capacité à retarder la satisfaction.

Donner l'exemple

Albert Schweitzer a écrit un jour : « Il faut enseigner aux hommes à l'école des exemples, car ils n'apprendront à aucun autre endroit. »

La plus grande influence que nous ayons sur nos enfants est l'exemple que nous leur donnons tout au long de leur croissance. Nos enfants sont toujours en train d'observer, du coin de l'œil ou depuis une autre pièce. Ils absorbent tout. Ils mesurent et analysent nos comportements, surtout lorsque nous sommes stressés. En observant notre comportement, notamment lorsque nous sommes en colère ou contrariés, ou lorsqu'ils ont commis une bêtise, ils se font une idée précise de la manière dont les adultes sont censés se comporter.

La façon dont nous agissons dans diverses circonstances, notamment en cas de stress est pour eux la façon normale d'agir des adultes. Si nos enfants admirent et respectent notre exemple, ils s'efforceront de *nous imiter* en grandissant et pour le reste de leur vie.

La meilleure question que nous puissions nous poser, encore et encore, est la suivante : « Quel genre de famille serait la mienne si tous tout le monde était comme moi ? »

Être un exemple à suivre

Lorsque nous pratiquons l'autodiscipline et la maîtrise de soi, surtout lorsque nous sommes en colère ou contrariés, nos enfants assimilent la leçon. Par la suite, lorsqu'ils seront en colère ou contrariés, *ils* pratiqueront eux aussi l'autodiscipline et la maîtrise de soi.

Dans une étude récente, les chercheurs ont constaté que les enfants se font une idée du monde en observant la façon dont leur *mère* fait face aux aléas de la vie quotidienne. Si leur mère semble calme, détendue et maître de la situation, les enfants supposent que le monde est logique et rationnel, et ils sont beaucoup plus susceptibles de pratiquer eux-mêmes le calme et le contrôle de soi.

Si leur mère semble frustrée, en colère ou dépassée par trop de travail et trop peu de temps, les enfants assimilent que la vie est confuse et stressante.

Former le caractère

Le travail le plus important que nous ayons à faire en tant que parent est d'inculquer des valeurs et de former le caractère de nos enfants. Pour ce faire, nous leur apprenons quelles sont les valeurs importantes, notamment les valeurs d'intégrité et de vérité. Nous nous positionnons en tant qu'exemple et nous démontrons les valeurs que nous voulons que nos enfants aient dans chaque situation où ils doivent agir.

La valeur fondamentale du caractère étant *l'intégrité*, la valeur la plus importante que nous inculquons à nos enfants est la sincérité. À la grande surprise de la plupart des parents, les enfants mentent. Lorsqu'ils grandissent, ils ne disent pas la vérité. Ils disent des petits et des gros mensonges. Souvent, cela surprend les parents qui ont l'impression d'avoir manqué à leur devoir envers leurs enfants d'une manière ou d'une autre.

Mais il ne faut pas s'inquiéter : le mensonge est une partie normale et naturelle de l'enfance. Il s'agit d'une forme de communication que les enfants testent sur nous pour voir si elle fonctionne. Si les enfants trouvent que mentir est un moyen efficace d'obtenir ce qu'ils veulent, rapidement et facilement, ils mentiront régulièrement.

Par exemple, un jour, j'ai posé une question à mon fils Michael, et il m'a donné une réponse que je savais être complètement fausse. Je lui ai demandé : « Michael, pourquoi as-tu dit ça ? Tu sais que c'est un mensonge éhonté ! » Michael, qui avait 10 ans à l'époque, a répondu franchement : « Eh bien, j'ai juste eu envie d'essayer. »

Les enfants essaient de mentir pour voir si ça marche. Si cela ne fonctionne pas, ils essaieront autre chose, et cette autre chose est généralement de dire la vérité.

Toujours dire la vérité

Un jour, ma femme et moi avons lu une question dans un livre sur l'éducation des enfants. Elle disait : « Si vos enfants vous mentent, qui leur a fait peur pour ne pas dire la vérité ? »

Ce fut une véritable révélation pour nous. Nous nous sommes immédiatement assis avec nos enfants et leur avons dit : « À partir de maintenant, dites toujours la vérité. Nous vous promettons que vous n'aurez jamais d'ennuis pour avoir dit la vérité. Si vous dites un mensonge, nous serons fâchés et vous serez punis. Mais si vous dites la vérité, tout ira bien, vous aurez notre confiance. »

À partir de ce jour, à quelques exceptions près, nos enfants nous ont « mis à l'épreuve » avec la vérité. Avec le temps, ils ont pris l'habitude de dire la vérité, quelle qu'elle soit. Et nous avons tenu notre promesse. Nous n'avons jamais puni nos enfants pour avoir dit la vérité.

Un jour, alors que nous étions assis autour de la table du dîner familial, l'un de nos enfants parlait de son ami qui lui avait dit de nous mentir, à nous, ses parents, au sujet d'une chose qu'il avait l'intention de faire.

Mon fils a dit : « Je lui ai dit que je ne mentais jamais à mes parents. »

Son ami a répondu : « Tout le monde ment à ses parents. »

Mon fils a répété : « Je ne mens jamais à mes parents, parce que je n'y suis pas obligé. Je peux toujours leur dire la vérité et tout ira bien. »

Nos trois enfants ont écouté cela, et ils étaient tous d'accord. Ils nous ont dit que nous étions une famille formidable parce qu'ils n'avaient jamais eu à nous mentir.

Les bases de la confiance en soi

Lorsque les enfants disent la vérité, ils grandissent droits et forts, avec une haute estime d'eux-mêmes et un bon niveau de confiance en eux. Ils ont aussi un haut niveau de respect de soi et de fierté. Ils nous regardent droit dans les yeux et nous disent exactement ce qu'ils pensent et ressentent. Ils sont très différents des enfants qui doivent sans cesse mentir ou cacher la vérité pour obtenir ce qu'ils veulent de leurs parents.

En élevant nos enfants, il y aura toujours des moments où ils feront ou diront quelque chose que nous désapprouverons ou qui nous mettra en colère. C'est dans ces moments-là que nous devons nous discipliner pour réfléchir avant d'agir ou de réagir, en nous contrôlant et en maîtrisant notre tempérament. Nous devons nous rappeler que ce que nous faisons dans un moment de stress est enregistré par notre enfant et peut avoir un effet sur lui dans à l'avenir.

Les enfants apprennent les valeurs par l'enseignement et l'exemple, répétés encore et encore tout au long de leur croissance. Lorsque nous leur enseignons des valeurs, et que nous mettons personnellement ces valeurs en pratique, à savoir l'amour, plus particulièrement pour notre conjoint, la compassion pour les personnes moins fortunées, la générosité envers ceux qui en ont besoin, la patience lorsqu'elle est requise, la tolérance pour les points de vue différents, le courage face aux difficultés et la persévérance face aux obstacles, nos enfants adoptent ces comportements comme des normes, comme la façon appropriée de réagir à ces situations lorsqu'ils grandissent.

Le pouvoir du pardon

L'une des valeurs les plus importantes que l'on enseigne à ses enfants est le *pardon*. L'incapacité à pardonner est à l'origine de la plupart des émotions négatives. Lorsque l'on pratique le pardon, en acceptant librement les choses, les enfants grandissent avec la capacité de pardonner également. Cela leur évite des années de malheur à cause d'une personne qui les a blessés d'une manière ou d'une autre, ce qui arrivera toujours.

Mes parents étaient catégoriques et rigides. Ils avaient une faible estime d'eux-mêmes, conséquence d'une enfance difficile à l'époque de la Grande Dépression. Ainsi, une fois qu'ils avaient pris position sur un sujet, même s'ils avaient tort, ils ne pouvaient jamais faire marche arrière et admettre qu'ils avaient tort.

J'ai décidé que, lorsque j'aurais des enfants, je ferais exactement le contraire. Depuis que ma fille Christina est toute petite, si je lui criais dessus pour une raison quelconque, j'allais toujours la voir pour m'excuser. Je lui disais : « Je n'aurais pas dû te crier dessus. J'ai eu tort. Veux-tu bien me pardonner ? »

Lorsque nous élevons des enfants, ils feront d'innombrables petites bêtises en grandissant. Parfois, nous réagissons de manière excessive, à moins d'être un saint, il nous est presque impossible de ne pas le faire. Mais chaque fois que nous commettons une erreur avec notre enfant, nous devons avoir le courage et la sensibilité de réaliser que la critique destructive d'un parent est extrêmement douloureuse pour un enfant. Nous devrions nous reprendre, nous excuser et demander à notre enfant de nous pardonner. Même si l'enfant s'est mal comporté, cela ne justifie pas que nous réagissions de manière négative et blessante. Nous devons simplement dire : « Je m'excuse, veux-tu me pardonner ? »

Et ils le feront toujours. Dès que nous présentons nos excuses et demandons à nos enfants de nous pardonner de les avoir blessés, nous les libérons de tout sentiment de négativité ou d'infériorité. En demandant pardon, nous leur permettons d'être à nouveau heureux et confiants.

Instruire ses enfants est une tâche sans fin

Acquérir de bonnes valeurs et enseigner une bonne conduite à nos enfants est un travail de toute une vie. On ne peut pas donner un seul cours sur la sincérité et la compassion, puis l'oublier. Nous devons répéter la leçon par la discussion et l'exemple, année après année, tout au long de la vie de nos enfants.

Dans une lettre adressée à Mademoiselle Manners, un parent demande : « Combien de temps faut-il pour apprendre les bonnes manières à table à mes enfants ? Peu importe ce que je dis, mes enfants continuent de manger de façon anarchique et indisciplinée. » Mlle Manners a répondu en disant : « Soyez patient. Il faut environ 15 ans de répétition continue pour apprendre à ses enfants les bonnes manières à table. Et même à ce moment-là, il n'y a aucune garantie que notre enseignement réussisse. »

Être un exemple pour eux

Bien évidemment, si nous voulons que nos enfants se comportent d'une certaine manière, *nous* devons donner l'exemple de comportement en permanence, année après année. Si nous voulons que nos enfants s'habillent correctement, *nous* devons nous habiller correctement. Si nous voulons que nos enfants soient propres, *nous* devons aussi l'être. Si nous voulons que nos enfants soient organisés et efficaces, *nous* devons montrer l'exemple en étant nous-mêmes organisés et efficaces.

Il faut sans arrêt s'imaginer que, quel que soit notre comportement, nos enfants vont se comporter de la même manière tout au long de leur vie. Lorsque nous pensons de la sorte, cela nous oblige à pratiquer des niveaux plus élevés d'autodiscipline et de maîtrise de soi, sachant que les conséquences de nos comportements affecteront les chances de vie de nos enfants des années plus tard.

La discipline consistant à élever les enfants pour qu'ils grandissent avec une haute estime d'eux-mêmes, positifs, sûrs d'eux-mêmes et de leur propre valeur, est l'une des choses les plus importantes que nous ferons dans la vie. Les résultats de notre éducation nous accompagneront toute notre vie.

Exercices Pratiques :

1. Quelles sont les deux qualités que vous aimeriez que vos enfants reconnaissent en vous lorsqu'ils vous observent ?

2. Quelles sont les deux qualités que vous aimeriez le plus inculquer à vos enfants, et comment pourriez-vous y parvenir ?

3. Si vous étiez un excellent exemple pour vos enfants, que changeriez-vous dans vos comportements, dès maintenant ?

4. Quelles sont les erreurs commises par vos enfants que vous devriez pardonner et oublier, immédiatement ?

5. Qu'allez-vous entreprendre immédiatement pour passer plus de temps avec vos enfants ?

6. Que pourriez-vous entreprendre pour inculquer la qualité de sincérité à vos enfants ?

7. Comment pourriez-vous encourager et récompenser vos enfants afin qu'ils pratiquent une plus grande autodiscipline, une plus grande maîtrise et un plus grand contrôle de soi ?

Chapitre 20

L'AUTODISCIPLINE ET L'AMITIÉ

*« Tout ce que l'on veut dans la vie a un prix.
Il y a un prix à payer si l'on veut améliorer les choses,
un prix à payer pour laisser les choses telles qu'elles sont,
un prix à payer pour tout. »*

— Harry Browne

85 % de notre bonheur provient des relations heureuses que nous avons avec d'autres personnes. Hélas, 85 % de nos problèmes et de notre malheur seront également associés à d'autres personnes. Les chapitres 18 et 19 nous ont donné quelques idées sur la façon de vivre un mariage heureux et d'élever des enfants heureux, mais outre notre famille, nos amitiés sont également importantes pour notre bien-être.

Nous devons donc devenir excellents en relations humaines. Par chance, il s'agit d'une compétence qui s'apprend. Nous pouvons devenir l'une des personnes les plus appréciées de notre entourage professionnel et social en nous comportant simplement de la même manière que les *autres* personnes appréciées le font.

Aristote a écrit que l'homme est un animal social. Nous nous définissons à travers nos relations avec les autres. Notre destin est conditionné par nos interactions avec les autres et vice-versa. Ce n'est qu'en interagissant avec les autres que nous apprenons à nous connaître et qui nous sommes.

Le cœur de la personnalité

Les psychologues nous disent que tout ce que nous faisons a pour but, soit de renforcer notre estime de soi, soit de la protéger contre les critiques des autres. Chaque personne est hypersensible quant à son propre sentiment de valeur et d'importance.

Notre estime de soi, la façon dont nous nous sentons, dont nous nous aimons, est largement déterminée par notre image, la façon dont nous nous voyons et ce que nous pensons de nous. L'image que nous avons de nous-mêmes se compose de trois parties, comme trois parts d'une tarte, qui sont en contact les unes avec les autres :

1. Premièrement, l'image que nous avons de nous-mêmes est déterminée par *la façon dont nous nous voyons*. Cette image conditionne en grande partie notre façon de marcher, de parler, de nous comporter et d'interagir avec les autres.

2. La deuxième partie de notre image est la façon dont nous *pensons* que les autres nous voient. Si nous pensons que les autres nous aiment, nous respectent et nous admirent, nous nous percevons de manière positive et nous éprouvons une plus grande estime de soi et un plus grand sentiment d'importance.

3. La troisième partie de notre image est la façon dont les gens nous voient et nous traitent *vraiment*. Si nous pensons que nous sommes appréciés et populaires, et que quelqu'un nous traite de manière impolie ou irrespectueuse, cela peut être un choc pour notre image et diminuer notre estime de soi. Par contre, si nous nous considérons comme quelqu'un d'ordinaire et que les personnes que nous rencontrons nous traitent comme si nous étions une personne de valeur et importante, nous pourrions ressentir un choc *positif* dans notre image qui nous amène à nous aimer et à nous valoriser encore plus.

La clé du bonheur

Nous ne sommes vraiment heureux que lorsque nous sentons que les 3 parties de notre image de soi coïncident. Autrement dit, uniquement lorsque nous sentons que la façon dont nous nous voyons, la façon dont nous pensons que les autres nous voient, et la façon dont ils nous voient réellement sont en harmonie dans une situation précise.

Dans la vie, nous recherchons des amitiés et des relations avec des personnes qui nous permettent de nous sentir à l'aise avec la façon dont nous nous voyons et ce que nous pensons de nous-même. Lorsque nous sommes avec des personnes qui nous traitent comme si nous étions intéressants et importants, nous avons une meilleure estime de soi, nous nous apprécions et respectons davantage. Nous sommes heureux en leur présence.

Plus les gens nous apprécient et nous respectent,
mieux on se sent,

et plus nos actions et nos comportements sont efficaces.

Nous donnons le meilleur de nous-mêmes.

À titre d'exemple, à l'école, nous avons toujours mieux travaillé et obtenu de meilleures notes lorsque nous avions l'impression que notre prof nous aimait et se souciait de nous. Au travail, le plus grand facteur de motivation est certainement une attitude de considération de la part du patron envers l'employé. Lorsqu'un employé a l'impression que son patron s'intéresse à lui en tant que personne plutôt qu'en tant qu'employé, il se sent plus utile et accomplit mieux son travail.

La loi de l'effort indirect

Le secret pour nouer et entretenir de belles amitiés et relations est simple, il suffit de pratiquer la loi de l'effort indirect dans chaque interaction avec les autres.

La loi de l'effort indirect dit que

l'on obtient plus de résultats avec d'autres personnes

indirectement que directement.

Nous ne devons plus penser à nous-mêmes et à nos propres préoccupations, mais aux autres et à ce qu'ils peuvent penser et ressentir.

Ainsi, si nous voulons avoir un ami, il faut d'abord *être* un ami. Si nous voulons que les gens nous apprécient, nous devons d'abord *les apprécier*. Si nous voulons que les gens nous respectent, nous devons d'abord *les respecter*. Si nous voulons impressionner les autres, nous devons d'abord *nous laisser impressionner par eux*. De cette manière, en approchant les gens indirectement, nous faisons appel à leurs besoins subconscients les plus profonds.

Renforcer l'estime de soi des autres personnes

Inconsciemment, le plus profond besoin des gens est celui de se sentir *important*. Comme nous avons également ce besoin, chaque fois que nous pratiquons la loi de l'effort indirect et que nous nous efforçons de faire en sorte que les autres se sentent importants, nous renforçons l'image qu'ils ont d'eux-mêmes, nous augmentons leur estime de soi, nous les rendons heureux et, par la même occasion, nous aussi.

Chaque fois que nous disons ou faisons quelque chose pour améliorer l'estime de soi d'une autre personne, nous déclenchons un effet « boomerang » qui fait que notre propre estime augmente en même temps, et dans la même mesure. Nous ne pouvons jamais faire ou dire quelque chose pour qu'une autre personne se sente mieux dans sa peau sans nous sentir simultanément mieux dans notre peau.

Il faut beaucoup d'autodiscipline et de maîtrise de soi pour se dépasser. Au lieu d'essayer de faire en sorte que les autres nous apprécient et soient impressionnés par nous, concentrons-nous d'abord sur le fait de les apprécier et d'être impressionnés par eux.

7 méthodes pour que les gens se sentent importants

La recette d'une excellente relation avec quelqu'un est très simple : faire en sorte qu'il se sente importante. Dans la mesure où nous pouvons amener les autres à se sentir importants, en commençant par les membres de notre famille, puis en s'étendant à nos amis et à nos collègues, nous deviendrons l'une des personnes les plus appréciées de notre entourage.

Il existe 7 méthodes pour que les autres se sentent importants. Il s'agit de techniques simples que l'on peut apprendre facilement en les pratiquant.

1. Accepter les gens tels qu'ils sont : l'un des plus grands désirs de la nature humaine est d'être accepté par les autres sans jugement, évaluation ou critique. Les psychologues appellent ce comportement « l'estime positive inconditionnelle ». Il s'agit d'accepter l'autre complètement, sans réserve, pour ce qu'il est réellement.

Comme la plupart des gens jugent et critiquent, le fait d'être accepté inconditionnellement par une autre personne augmente l'estime de soi, renforce l'image de soi et rend heureux.

Dans le film « Le Journal de Bridget Jones », l'accent est mis sur la découverte par Bridget Jones d'un homme « qui m'aime comme je suis ». L'événement est considéré comme extraordinaire. Tous ses amis étaient étonnés que quelqu'un puisse avoir une relation basée sur l'acceptation inconditionnelle d'une autre personne.

Comment exprime-t-on l'acceptation ?

C'est très simple :

Le sourire.

Lorsque nous regardons quelqu'un et que nous lui sourions sincèrement, il se sent mieux dans sa peau. Son estime de soi augmente. Il se sent plus apprécié et plus important.

Lorsque nous cessons de penser à nous-mêmes, à l'impression que nous faisons sur les autres, que nous commençons à penser aux autres, et à l'impression qu'ils nous font, alors nous pouvons nous décontracter. Nous inspirons profondément et nous sourions aux gens lorsque nous les rencontrons et les saluons, à la maison comme au travail. C'est l'un des comportements les plus puissants que nous puissions adopter en matière d'estime de soi et de développement des relations. En souriant aux gens, ils se sentent importants et appréciés.

2. Montrer notre appréciation : chaque fois que nous apprécions une autre personne pour une chose qu'elle a faite ou dite, nous augmentons son estime de soi et lui donnons le sentiment d'être importante. Les marques d'appréciation, qu'il s'agisse de petits signes de tête, de sourires, de cartes, de lettres ou de cadeaux, augmentent l'estime de soi des gens et les amènent à s'apprécier davantage. De ce fait, en vertu de la loi de l'effort indirect, ils nous apprécient également davantage.

La façon la plus simple d'exprimer son appréciation est tout simplement de dire « Merci ». Le mot « merci » est profondément apprécié, dans n'importe quelle langue et partout dans le monde. J'ai voyagé dans 90 pays, et la première chose que je fais lorsque j'arrive dans un nouveau pays est d'apprendre les mots « s'il vous plaît » et « merci ». Chaque fois que nous utilisons ces mots, les gens rayonnent, sourient et sont heureux d'être en notre présence.

Assurons-nous de trouver des occasions

de remercier les gens pour tout ce qu'ils font,

que ce soit important ou non.

Chaque fois que l'on dit merci, cela a un effet presque magique sur l'autre personne. Elle se sent importante et beaucoup plus heureuse d'être en notre présence et de nous aider.

3. Être agréable : les personnes les mieux accueillies en toute situation sont celles qui sont généralement agréables et positives avec les autres. Par contre, les personnes contestataires qui remettent en question, se plaignent et ne sont pas d'accord sont rarement les bienvenues.

Quand nous hochons la tête, sourions et sommes d'accord avec une autre personne lorsqu'elle parle ou exprime une opinion, elle se sent intelligente, respectée, appréciée et importante. Lorsque nous sommes d'accord avec quelqu'un, même s'il dit quelque chose que nous n'approuvons pas complètement, cette personne se sent heureuse d'être en notre présence.

Dans mon travail de conférencier professionnel, je rencontre plusieurs milliers de personnes chaque année. Elles viennent me voir et émettent souvent des opinions sur des sujets pour lesquels je suis souvent bien informé alors qu'elles ne le sont manifestement pas. Parfois, elles disent des choses ridicules qui ne sont pas vraies ou qui n'ont aucun sens.

Mais dans tous les cas, je souris et acquiesce, en leur posant des questions et en les écoutant exprimer leurs idées et leurs opinions. Elles repartent avec le sentiment d'avoir eu une bonne conversation avec l'orateur, et que je suis probablement d'accord avec elles. Cela ne me coûte rien et cela les rend heureuses. Elles se sentent importantes.

4. Exprimer son admiration : les gens sont généralement très émotifs à l'égard de leurs possessions, de leurs traits de caractère et de leurs réussites. Lorsque nous admirons quelque chose qui appartient à une autre personne, celle-ci se sent bien dans sa peau. Comme l'a dit Abraham Lincoln, « Tout le monde aime les compliments. »

Exprimons notre admiration pour l'apparence d'une personne et pour des détails précis sur sa tenue. Les hommes sont particulièrement contents lorsqu'on dit quelque chose de gentil sur leur cravate ou leurs chaussures. Les femmes aiment être complimentées sur leurs cheveux ou tout autre élément de leur physique. Elles passent beaucoup de temps à se préparer avant de sortir.

Nous pouvons également complimenter les traits ou les caractéristiques d'une personne : « Vous êtes vraiment persévérant. » Les gens consacrent toute leur vie à développer des traits de caractère et des qualités, notamment des qualités positives, ils se sentent donc flattés lorsque nous les complimentons à leur sujet.

Complimentons les réussites d'une personne. Disons aux gens combien nous admirons leur maison, leur bureau, l'entreprise qu'ils ont créée, ou le poste qu'ils ont atteint dans cette entreprise.

Quand on exprime de l'admiration

pour tout ce qu'une personne a fait ou est devenue,

son estime de soi augmente et elle se sent importante.

5. Faire attention aux autres : le meilleur moyen de renforcer l'estime de soi de quelqu'un est sans doute de l'écouter attentivement lorsqu'il parle. Dans mon livre *Le Pouvoir du Charme*, mon co-auteur Ron Arden et moi-même expliquons comment le fait d'écouter attentivement une personne lorsqu'elle parle, quel que soit le sujet, est perçu comme un comportement séduisant.

La clé d'une bonne écoute consiste à poser des questions et à être attentif à chaque mot de la réponse. Lorsque la personne ralentit ou arrive à la fin de son discours, il faut poser une autre question. Se pencher vers l'avant avec attention. Écouter sans interrompre. Écouter comme si ce que dit la personne était la chose la plus intelligente et la plus intéressante que nous n'ayons jamais entendue.

Lorsqu'une personne est attentivement écoutée, son cerveau libère des endorphines. Elle est alors heureuse et bien dans sa peau. Son estime de soi augmente. Elle associe ce sentiment de bonheur au fait d'être en notre présence. Ainsi, cette personne nous appréciera davantage, nous trouvera plus intéressants et plus intelligents.

Quand, plus que toute autre chose,

nous écoutons attentivement,

l'autre personne se sent importante et valorisée.

---

6. Ne jamais critiquer, reprocher ou se plaindre, de quoi que ce soit, devant ou dans le dos de quelqu'un. Ne jamais faire ou dire quelque chose qui diminue l'estime de soi d'une personne ou lui donne l'impression d'être moins importante ou moins valorisée. Refuser de colporter des ragots ou de parler des autres de manière négative. Ne jamais dire quelque chose sur une personne que l'on ne lui dirait pas en face.

La critique destructrice est la force la plus nuisible dans toutes les relations humaines. Elle diminue l'estime de soi d'une personne, la met en colère et sur la défensive, et l'amène à détester la personne qui l'émet. Ne jamais se plaindre des personnes ou des situations que l'on n'aime pas.

Se discipliner pour tenir sa langue.

Même si nous ne sommes pas spécialement heureux d'une situation, gardons-le pour nous.

Le mot le plus courant pour décrire les personnes les plus appréciées dans tous les domaines est le mot « sympa ». Lorsque nous pensons à une entreprise avec laquelle nous aimons travailler ou à un restaurant où nous aimons aller, nous pensons toujours que les personnes qui s'y trouvent sont « sympas ». Lorsque nous recommandons ou référons quelqu'un à quelqu'un d'autre, nous mentionnons toujours qu'il s'agit d'une « personne sympathique ».

Dans le domaine de la vente et des affaires, les personnes sympathiques sont toujours celles qui réussissent le mieux. Les gens aiment acheter chez eux, racheter, et les recommander à leurs amis. Les gens apprécient de voir des personnes sympathiques et ils sont toujours contents de les revoir.

Lorsqu'on leur demande ce qu'ils entendent par le mot « sympa », les gens répondent qu'il ou elle est « agréable ». Plus on est positif, plus on est susceptible d'être agréable. Plus on est agréable, plus on a une personnalité sympathique. Plus notre personnalité sera sympathique, plus les gens auront hâte de nous voir et de nous côtoyer.

7. Être courtois, concerné et avoir de la considération pour tous ceux que l'on rencontre. Imaginons ces mots comme les « 3 C » et mettons-les en pratique avec toutes les personnes que nous rencontrons.

Lorsque nous traitons une personne avec *courtoisie* et respect, elle se sent plus appréciée et plus importante. Si nous faisons en sorte qu'une personne se sente plus importante et appréciée, elle nous appréciera et nous respectera encore plus.

Lorsque nous nous sentons *concernés* par ce qui se passe dans la vie d'une personne qui est confrontée à une situation difficile, elle se rapproche de nous et nous apprécie davantage. Nous touchons son cœur. Nous nous connectons à ses émotions. Nous sommes plus sympathiques à ses yeux.

La *considération* est le troisième des 3 C. Lorsque l'on pratique la considération, on se discipline à faire et à dire des choses aux gens pour qu'ils se sentent appréciés et importants.

Se préoccuper des autres

Lorsque nous rencontrons une personne pour la première fois, ou que nous la retrouvons après un certain temps, demandons-lui comment elle va, et écoutons attentivement ses réponses. Les gens partageront souvent avec nous une préoccupation ou un problème dans leur vie. Faire preuve de considération et de compréhension. Traiter le problème comme s'il était extrêmement important pour nous.

> Se discipliner pour mettre de côté ses propres problèmes
>
> et se concentrer uniquement sur
>
> l'expression de notre considération pour l'autre personne.

La règle pour construire des amitiés à vie et de formidables relations est simple. Décider que dès à présent, lorsque les gens nous quitteront, ils se sentiront beaucoup mieux que lorsqu'ils sont arrivés vers nous. Mettre en pratique toutes les idées décrites ci-dessus pour que les gens se sentent importants. Chercher des moyens d'améliorer leur estime de soi et de renforcer leur image de soi. Leur faire sentir qu'ils sont appréciés et dignes d'intérêt. Tout ce que nous faisons ou disons pour qu'une autre personne se sente importante nous donne également le sentiment d'être important.

Exercices Pratiques :

1. Établissez une liste des amis les plus importants dans votre vie professionnelle et personnelle. Que pourriez-vous faire pour qu'ils se sentent mieux dans leur peau ?

2. Définissez la première chose que vous pourriez faire lors de chaque réunion ou rencontre pour que l'autre personne se sente importante.

3. Décidez de faire en sorte que chaque personne se sente plus appréciée et valorisée parce qu'elle vous a parlé.

4. Pratiquez le non-jugement dans toutes vos relations. Supposez toujours les meilleures intentions de la part des autres.

5. Imaginez que chaque personne que vous rencontrez n'a que peu de temps à vivre, et que vous êtes la seule personne à savoir ce qui se passe.

6. Trouvez un trait de caractère de toutes les personnes qui vous impressionnent et dites-leur à quel point vous êtes impressionné.

7. Imaginez qu'une caméra cachée et un microphone enregistrent chacune de vos interactions avec d'autres personnes. Que feriez-vous de différent ?

Chapitre 21

L'AUTODISCIPLINE ET LA SÉRÉNITÉ

> *« Les hommes sont avides d'améliorer leurs circonstances, réticents à s'améliorer eux-mêmes ; ils demeurent donc limités. Un homme qui ne recule pas devant la crucifixion personnelle arrivera forcément à ses fins. Cela est vrai des choses terrestres comme des choses divines. Même celui dont l'unique objectif est de devenir riche doit se préparer à d'immenses sacrifices personnels pour parvenir à réaliser son projet. Alors quelle somme infiniment plus grande de sacrifices attend celui qui veut mener une vie intense et équilibrée. »*
>
> — James Allen

Nous avons besoin d'un bon niveau d'autodiscipline pour exploiter toutes nos ressources internes et réaliser notre véritable potentiel. Depuis toujours, et dans toutes les religions et philosophies, le bien humain le plus noble est la *sérénité*. Notre capacité à atteindre cette paix intérieure est la véritable mesure de notre réussite et le facteur déterminant de notre bonheur.

Pour s'épanouir spirituellement, pour devenir une personne pleinement fonctionnelle, il faut constamment faire preuve d'autodiscipline et de maîtrise de soi dans nos pensées, nos sentiments et nos actions. L'épanouissement spirituel, la paix intérieure et l'expérience de la joie exigent tous une maîtrise et un contrôle de soi.

La réussite extérieure et intérieure

Afin de réussir dans le « monde extérieur », nous devons nous *discipliner* pour nous concentrer, pour travailler dur, pour agir en permanence en vue d'atteindre nos objectifs, pour devenir meilleur et plus compétent à mesure que nous avançons dans la vie.

Cependant, pour réussir dans le « monde intérieur », il faut des capacités presque *inverses*. Pour atteindre la paix intérieure, nous devons nous discipliner pour nous libérer de tout ce qui peut perturber notre sentiment de paix et de satisfaction intérieures.

Le bouddhisme zen enseigne que la principale cause de souffrance et de malheur de l'homme est « l'attachement ». Les gens s'attachent aux idées, aux opinions et aux choses matérielles, et ils sont réticents à s'en défaire. Parfois, les personnes sont tellement préoccupées par ces éléments extérieurs que cela affecte leur santé mentale et physique, et les empêche même de dormir la nuit.

Lorsque nous nous détachons, en nous séparant *émotionnellement* des choses ou des résultats, les émotions négatives qui y sont liées disparaissent, comme lorsqu'on débranche une lampe.

Le besoin d'avoir raison

La plupart des gens ont un profond besoin d'avoir raison. Mais lorsqu'on arrête de se préoccuper de savoir si l'on a raison ou tort, toutes les émotions qui accompagnent ce besoin disparaissent. Le Dr. Gerald Jampolsky a formulé la fameuse question suivante :

> « Voulez-vous avoir raison
>
> ou voulez-vous être heureux ? »

On peut être passionné par ses convictions politiques ou religieuses, qui ont toutes été *apprises* de quelqu'un d'autre. Mais, si l'on met ces convictions de côté pendant un certain temps, elles cessent de susciter des émotions ou d'attiser la colère.

Mes amis et mes connaissances ont des idées et des opinions très diverses, tant sur le plan politique que religieux. Généralement, nous nous entendons bien parce que nous mettons simplement de côté les discussions concernant nos divergences d'opinions. Nous *nous disciplinons* consciemment et délibérément pour nous détacher de nos opinions et plutôt nous concentrer sur les sujets sur lesquels nous sommes d'accord et que nous avons en commun.

Refuser de blâmer qui que ce soit pour quoi que ce soit

La principale cause des émotions négatives, et premier responsable de la disparition de paix intérieure, est la *culpabilité*. Comme je l'ai mentionné plus tôt dans le livre, il est impossible d'avoir une émotion négative sans avoir quelqu'un ou quelque chose à blâmer.

Le blâme demande l'existence de l'un ou des deux éléments suivants. Le premier est *l'identification*. Cela se produit lorsque l'on prend quelque chose de façon personnelle ; on s'identifie à cette chose. Dès que nous décidons ou sentons que quelqu'un a fait ou dit quelque chose de négatif qui affecte nos intérêts personnels, nous nous mettons immédiatement en colère et nous le reprochons à cette personne.

Ainsi, si une personne qui se dépêche d'aller au travail nous coupe accidentellement la route, car elle est préoccupée et perdue dans ses pensées, nous nous fâchons immédiatement contre elle, une parfaite inconnue, parce que nous avons pris son comportement au volant pour une affaire personnelle.

Mais lorsque nous *nous disciplinons* pour nous détacher et cesser de prendre les choses contre nous, la charge émotionnelle négative liée à la personne ou à l'incident cesse presque immédiatement. Par exemple, si quelqu'un nous coupe la route, nous pouvons nous détacher émotionnellement de la situation en nous disant : « Oh, il est pressé car il doit être en retard pour aller travailler. »

Dès que l'on se dit cela, toute négativité associée à l'événement disparaît et l'on redevient calme, détendu et positif.

Renoncer à la souffrance

La deuxième cause majeure de la culpabilité est la *justification*. Elle se produit lorsque l'on se dit à soi-même (et aux autres) pourquoi on a le droit d'être en colère ou contrarié dans cette situation.

De nombreuses personnes tombent amoureuses de leur *souffrance*. Leurs problèmes passés deviennent le centre d'intérêt de leur vie. Elles pensent tout le temps à ce qui s'est passé. Elles passent la journée, et même la nuit, à avoir des conversations enflammées avec les personnes qui, selon elles, les ont blessées dans le passé.

Chaque fois que de telles personnes discutent avec quelqu'un, elles ressortent leur souffrance, la rabâchant sans cesse à leur interlocuteur. Elles retracent ensuite les événements malheureux de leur vie, racontant ce qui s'est passé, à quel point elles ont été maltraitées et à quel point l'autre personne est horrible de s'être comportée de la sorte.

Pourtant, si nous *nous disciplinons* pour cesser de justifier nos émotions négatives en ressassant sans cesse ce qui a eu lieu, ce que l'autre a fait ou n'a pas fait, et si nous acceptons calmement que « ça arrive » dans la vie, notre négativité à l'égard de l'autre ou de la situation disparaît.

Pardonner

Le summum de l'autodiscipline dans le développement spirituel est le pardon. La loi du pardon dit :

« Nous sommes mentalement sains dans la mesure

où nous pouvons librement pardonner

et oublier les offenses dont nous sommes victimes. »

Tout le monde a déjà subi des critiques destructrices, des mauvais traitements, de la méchanceté, de l'impolitesse, de l'injustice, de la trahison et de la malhonnêteté de la part de quelqu'un au cours de sa vie. Ces événements sont malheureux, mais ils font partie intégrante de la vie de l'être humain. La seule façon d'éviter les problèmes et les difficultés liés à la vie dans une société active est de vivre en ermite.

L'unique question que nous devons nous poser et à laquelle nous devons répondre après avoir vécu une expérience négative est la suivante : « Combien de temps me faudra-t-il pour me remettre de cet événement et reprendre le cours de ma vie ? » C'est une décision que nous sommes seuls à pouvoir prendre. C'est une des décisions les plus importantes à prendre dans notre vie si nous voulons vraiment être heureux. C'est un véritable test de notre discipline mentale et spirituelle.

La courbe de l'oubli

Nous avons tous une « courbe de l'oubli », ou ce que l'on appelle aussi la « courbe de pardon ». Cette courbe mesure la rapidité avec laquelle nous pardonnons et oublions une expérience négative, et elle détermine notre état de santé mental et émotionnel.

Imaginons un rectangle dont l'échelle va de 0 à 100, du coin inférieur gauche au coin supérieur gauche. Il s'agit de l'échelle de l'intensité de l'émotion négative que nous ressentons lorsque nous sommes blessés ou offensés. En bas de ce graphique figurent les mois et les années de notre vie.

Nous pouvons avoir soit une courbe de pardon plate, soit une courbe de pardon en pente raide et descendante. Si notre courbe de pardon est plate, cela signifie que nous continuons à être en colère, autant que lorsque l'événement s'est produit, et ce, pendant longtemps, parfois pendant des années ou même des décennies.

Nombreux sont ceux qui sont encore en colère à cause d'un geste ou d'une parole que l'un de leurs parents leur a fait subir il y a plusieurs années. Ils nous en parleront à la moindre occasion. Ils fouillent dans leur boîte à souvenirs pour en extraire les expériences de leur enfance et nous en faire part.

Tous les psychologues et psychiatres qui s'occupent de personnes malheureuses sont engagés parce que leurs patients ont des courbes de pardon plates. Leur principale conversation en thérapie consiste à parler de ce que quelqu'un leur a fait ou n'a pas fait, à un moment donné dans leurs vies, et à quel point cela les rends encore malheureux aujourd'hui.

Surmonter et continuer à vivre

Les personnes réellement saines, en revanche, ont des courbes de pardon en pente descendante. Elles ont eu autant de difficultés et de problèmes dans la vie que n'importe qui d'autre, mais elles se *sont disciplinées* en décidant de pardonner et d'oublier rapidement, et de reprendre le cours de leur vie. Elles refusent de laisser leurs problèmes diriger leur existence. Elles les laissent simplement partir et se concentrent sur les choses qui les rendent heureuses.

La discipline du pardon est la clé du royaume spirituel. Nous ne pouvons connaître une grande tranquillité d'esprit que si nous prenons l'habitude de pardonner volontairement aux autres tout ce qu'ils nous ont fait subir.

---◆---

On ne peut se sentir heureux à l'intérieur que si on laisse derrière soi

toutes les expériences négatives de son passé.

---◆---

Le pardon est égoïste

Certaines personnes ne comprennent pas bien le concept de pardon. Elles pensent que pardonner à quelqu'un qui les a blessés revient à tolérer ce comportement, voire à *l'approuver*. C'est tout le contraire. Le pardon est un acte purement *égoïste*. Le pardon n'a rien à voir avec l'autre personne. On pardonne aux autres afin de pouvoir se libérer émotionnellement, afin de ne plus porter ce fardeau.

Nous avons un mental incroyable. Nous sommes incroyablement intelligents et perspicaces. Nous pouvons utiliser notre mental en notre faveur, pour nous aider à être joyeux et heureux, ou nous pouvons l'utiliser *contre* nous-mêmes. La meilleure façon d'utiliser notre mental est de trouver des raisons de pardonner aux autres. Au lieu de ressasser et de décortiquer un événement passé, de chercher des explications, des justifications et des raisons de prendre quelque chose personnellement, nous devrions plutôt utiliser notre intelligence pour trouver des raisons d'accepter la responsabilité et de laisser tomber la situation négative.

Accepter la responsabilité et pardonner

Dès que l'on accepte la responsabilité et que l'on pardonne à tous ceux qui nous ont blessés de quelque manière que ce soit, on se libère complètement. Toutes nos émotions négatives disparaissent. À la place de nos émotions négatives, nous éprouvons un sentiment de paix intérieure, d'amour, de bonheur et de joie.

La récompense d'utiliser son autodiscipline pour pratiquer le pardon de façon continue est extraordinaire. Lorsque nous utilisons nos incroyables capacités de contrôle, de maîtrise de soi et de détachement pour nous séparer émotionnellement de situations qui, autrement, nous rendraient malheureux, la qualité de notre vie s'améliore de façon extraordinaire.

Exercices Pratiques :

1. Faites le test du pardon : voulez-vous avoir raison ou voulez-vous être heureux ?
2. Identifiez les personnes de votre vie passée qui, selon vous, vous ont blessé d'une manière ou d'une autre, et décidez aujourd'hui de leur pardonner et de vous débarrasser de ces sentiments négatifs.
3. Trouvez des raisons de *ne pas* justifier vos sentiments négatifs de reproche ou de colère et, au contraire, utilisez votre intelligence pour accepter la responsabilité.
4. Faites de la sérénité votre objectif suprême et prenez la décision de vous débarrasser de toute pensée ou émotion qui vous perturbe de quelque manière que ce soit.
5. Décidez dès aujourd'hui de lire quelque chose de spirituel et d'édifiant chaque matin avant de commencer votre journée. Cette habitude changera votre vie.
6. À partir de maintenant, refusez de prendre les choses personnellement. Demandez-vous quelle importance cela aura dans 5 ans.
7. Appliquez la méthode bouddhiste du détachement de l'argent et des choses matérielles et refusez de vous énerver ou de vous inquiéter pour n'importe quoi.

www.ingramcontent.com/pod-product-compliance
Lightning Source LLC
Chambersburg PA
CBHW051048230426
43666CB00012B/2609